몸의 말들

005

몸의 말들

사랑도 혐오도 아닌 몸 이야기

강혜영 · 고권금 · 구현경 · 백세희
이현수 · 치도 · 한가람 · 황도 지음

arte

발문

몸을 긍정하기, 가장 어려운 혁명

정희진
(여성학자)

몸의 일기를 위하여

이 책은 몸에 '대한' 책이 아니라는 점에서 의미 있다. 『몸의 말들』은 '몸 = 나'임을 잘 보여준다. 흔히 하는 '내가 내 몸에 대해 쓴다'는 말은 어불성설, 두 개의 자아가 부닥치는 정신분열이다. 사회운동에서 몸에 대한 자기 결정권은 여전히 중요한 권리지만, 정확히 말하면 내 몸은 내 것이 아니다. 내가 내 몸의 결정권을 가지고 있는 것이 아니다. 내가 사는 삶이 몸이다. 몸이 나다. 그러나 육체와 정신의 분리와 위계는 너무나 뿌리 깊어서, 이 말은 생각보다 어려운 언설이다.

지금 이 글도 작은따옴표와 괄호투성이인데, 일종의 협상적 글쓰기라고 할 수 있다. 나는 몸에 대한 소유격이나 대상화가 전제된 나'의' 몸, 몸에 '대한'…… 같은 표현을 최대한 피하려고 노력하지만, 가독성을 고려하지 않을 수 없다. 근대의 지식이 서구의 산물임을 인정한다면, '바디 포지티브'라는 영어 표현은 적절하다. 우리말로 번역하려면, "몸'을' 긍정하기"처럼 목적격 조사('을')로부터 자유로울 수 없다. 이 글을 포함, 몸을 이슈로 한 글쓰기는 언제나 내게 어려운 곡예다.

또 다른 고백이 있다. 나는 이 발문跋文 형식의 글을 여러 차례 썼다. 쓴 것을 버리고 계속 고쳐 썼다. '발문'을 써야 하는데, 나도 모르게 계속 나의 '사적인' 이야기를 쓰고 있었기 때문이다. 15년 전 지병을 얻은 이후, 아직도 나는 (나의) 몸을 인정하지 못하고 있다. 질병과 그 현실을 수용하지 못하니, '이생망'이다. 인간관계, 의사소통, '보통의 건강', '학문적 야심', 생계……

정희진

많은 인생사가 불가능하게 되었거나 그 경계에 있다.

몸, 즉 나 자신에 대한 적대감, 분노, 좌절, 비참함, 세상에 대한 원망, 기력 없음…… 나는 이 글을 쓰기 이전에, 우선 나(몸) 자신과 싸워야 했다. 나에게 몸은 절실히 바꾸고 싶은 그 무엇, 그러다 안 되면 버리고 싶은 것이다. 나는 이 책의 필자이고 싶었다. 그래서 나는 이 책의 어떤 필자들은 부러웠고, 어떤 필자는 존경스러웠고, 또 공감했다. 자기 몸에 '대해' 쓰는 실천은 여러 가지 의미가 있다. 쓰고 싶기도 하고, 괴롭기도 하고, 쓸 수 없기도 하고, 결국 쓸 몸이 안 되기도 하고…… 인생은 '몸', '글', '몸의 글' 사이에서의 방황이다. 버나드 쇼의 유명한 묘비명처럼 대개 사람들은 "우물쭈물하다가 내 이럴 줄 알았지"로 생을 졸업한다. 대개 '자원 있고 나이 든 남자 어른'들이 출간하는 자서전, 회고록은 바람직하지 않은 몸(에 대해) 쓰기의 대표적인 예다. 자신에 대해 쓰는 글은 다니엘 페나크의 책 『몸의 일기』처럼, '몸의 일기'여야 한다.

나(몸)를 쓰면서 기존의 언어를 넘어서기

이 책에 실린 이야기들은 기존의 '피해자로서 몸 그리고 극복'이라는 전형적인 서사가 아니어서 반갑다. 여성주의는 피해자 정체성의 정치가 아니며, 인생의 어떤 문제가 '극복'되겠는가? 이 책은 여성주의적 글쓰기, 몸으로 글쓰기의 새로운 모델을 잘 보여준다. 이 책에서 몸은 외모 외에 건강, 자기표현, 공중 보건, 관계, 정체성, 생애주기, 취업 문제까지 생을 망라하는 행위자agent다.

적절한 비유가 될지 모르겠지만, 이 책은 킨제이 보고서(1948년, 1953년)보다 훨씬 내밀하고 정치적이다. 킨제이 보고서는 섹슈얼리티에 대한 사회적 금기 '때문에' 고전이 되었지만, 평범한 몸들의 생애사는 '섹스 이야기'보다 우리를 더욱 놀라게 할 것이다. 몸에 '대한' 일상적 담론은 건강과 외모를 넘어서지 못하는 경우가 대부분이다. 나는 소위 '인생 상담' 비슷한 이야기를 듣게 되는 경우가 많은데, 하나같이 이 책에 등장할

정희진

만한 몸 이야기다. 인생의 고통은 몸(자아)을 긍정하지 못해서 발생하는 문제가 대부분이기 때문이다.

중세로부터 이성理性의 혁명이 있었지만, 스피노자 등에 의해 몸을 지배하는 이성에 대한 비판은 현대 철학의 핵심 주제가 되었다. 페미니즘 사상도 섹스·젠더·섹슈얼리티 논쟁에서 몸으로 이동한 지 오래다. 엘리자베스 그로츠의 '육체 페미니즘Corporeal Feminism'에서부터 주디스 버틀러의 '몸이 모든 문제Bodies That Matter' 등이 대표적이다. 한마디로, 몸은 이 시대 최대의 화두, 자연·인문·사회과학 등의 학제를 가로지르는 앎의 키워드다. 개인의 몸에 글로벌 자본주의 정치, 문화, 심리 모든 영역이 망라되어 있다. 몸의 개체성, 개별성은 몸 연구의 어려움인 동시에 몸이 사유의 보고임을 말해준다.

여성주의 실천이라고 해서 다 '올바르거나' 현실적인 것은 아니다. 예를 들어, 나는 개인적으로 '탈코르셋' 운동과 거리가 있다. '탈코르셋'은 기본적으로 젊은 (중산층) 여성의 몸을 전제로 한 것이다. 물론 대단히 중요한 여성주의 실천이지만, 통념과 달리 모든 여성이 규범적인 아름다움을 추구하는 것은 아니다. 무엇보다 가난한 여성이나 나이 든 여성은 어느 정도 외모 관리('코르셋')를 하지 않으면, 시민권을 박탈당한다. 나 역시 내 옷차림이나 외모로 인해 택시를 잡지 못하거나 노숙자, 좀도둑 취급을 받은 적이 적지 않다. '탈코르셋' 운동은 가부장제에 저항함과 동시에 남성 사회가 정한 여성의 범주를 수용한 지점에서 시작한다. 이처럼 모든 운동은 모순적일 수밖에 없고, 그 핵심에는 몸의 다름과 범주의 문제가 있다.

외모주의 그 '너머'의 문제

출근하기 전에 두 시간 동안 화장을 하는 여성, 같은 시간대에 외국어 공부나 운동을 하는 남성, 삽입이 섹스의 전부인 줄 알고 성기에 이물질을 넣는 남성, 원형 탈모로 전국의 가발 가게를 섭렵하는 사람, 제모·

쥐젖 제거 광고들, 트랜스젠더 여성이지만 여성의 외모 생활하기를 거부하는 여성, 본인이 자웅동체인 줄 모른 채 불임 치료를 지속한 간성인(間性人, intersex), 타인에게 낙인과 소유물의 표시로 당한 문신을 파내려는 사람, 오랜 자살 시도로 더 이상 팔뚝에서 혈관을 찾을 수 없는 이들……. 거듭된 성형 수술로 건강을 '망친' 사람들, 우울증에 대한 몰이해로 치료받지 못하고 자살하는 사람들, 폭식으로 인한 비만으로 걷지 못하는 청소년, 책상을 벗어나지 못하는 광장 공포증 환자지만 모범생으로 불리는 이들……. 그런 의미에서 이 책은 앞으로 열 권 정도 더 나와야 한다. 인구수만큼의 몸 이론이 나올 것이다.

서구 문화의 영향에 있는 현대인(특히, '여성'은 말할 것도 없다) 중에 몸 스트레스, 특히 체중과 '바디 셰이프'(내게 '몸매'라는 단어는 왠지 외설적이다)에서 자유로운 여성은 거의 없다. 우리의 일상은 자신과 상대방의 몸에 대한 언급에서 시작한다. "전보다 배가 들어갔네", "남자는 키랑 머리숱이지", "에구머니나, 다리털",

"○○가 그렇게 피부에 좋다며?", "저 자글자글한 주름을 봐······." 몸에 대한 긍정적 표현은 찾기 힘든 반면, 현재 몸을 부정한 상태에서 그 묘사와 대안에 대한 담론은 끝이 없다. 이 시대, 자기 몸을 긍정하는 이들이 얼마나 있을까.

몸에 대한 관심사는 건강과 필연적으로 연결되는데, 우리는 이중 메시지에 시달린다. 자주 듣고 하는 말, "난 외모에 관심이 있는 게 아니라 건강 때문에······." 그래서 "나는 외모주의자가 아니라 건강주의자"라고 주장하지만 건강과 체중과 장애는 연속선상에 있다. 즉 어디까지가 건강, 외모주의, 장애, 비정상인지 경계가 불분명하다. 그야말로 연속連續이어서 '전문가'나 주변인들이 "괜찮다"고 해도 우리는 만족하지 않는다 ("네가 몰라서 그래"). 시중에는 자양강장, 다이어트, 노화 방지, 스트레스 해소를 한 번에 해결해주는 상품들이 넘쳐난다. 여기서도 식품과 의료품의 경계는 문제가 된다.

젊음, 건강, 아름다움 이 세 가지에 대한 기준이 통

치 수단이 된 것이다. 그리고 이는 사회 구성원 스스로가 동의하는 '주체적 종속'의 영역이 되었다. 당연히 이 기준을 달성하는 일은 미션 임파서블이다. 기준이 계속 변하기(올라가기) 때문이다.

'긍정적인 몸'과 부정적인 자아의 반복

몸은 '자연의 법칙'이 아닌 관리의 영역으로 이동했고('바꿀 수 있다'), 매체는 발달했다. 우리는 남의 몸을 매일 본다. 비교는 필연적이다. 2000년대 이전, 국제사회의 인권 의제에서 한국 사회의 가장 심각한 '여성에 대한 폭력violence against women'은 아내 폭력('가정 폭력')과 여아 선별 낙태였다. 그러나 지금은 여아 선별 낙태 대신 성형 시술로 바뀌었다.

거듭 말하지만, '내 몸은 나의 것이다'가 아니라 '내 몸이 나다'. 우리의 정신이 몸을 소유하고 있는 것이 아니라, 몸이 바로 나인 것이다. 정신은 몸에 속해 있다. 그런 의미에서, 몸에 대한 긍정적인 생각은 곧 자아관이 된다. 문제는, 자기 몸에 대한 긍정성을 갖기 어려운 사회에 있는데, 과학기술의 발달로 자아만 팽창한다는 사실이다. 여기에 모든 '비극'이 있으며, 동시에 이러한 책이 절실한 이유다.

"매체가 메시지다"라는 매클루언의 유명한 테제는 인간이 만든 도구(매체)가 몸의 확장extension of men이라는 사실에서, 현대 문명과 몸을 이해하는 데 중요한 문제다. 승용차의 크기, 아파트 평수가 '내가 되었다', 즉 내가 가진 물건은 나의 확장이고 자아는 비대해진다. 이것이 계급의식의 격차다. 자본은 글로벌 자본주의 시대에 빈부의 양극화와 이에 대한 민중의 일상화된 시위와 불만을 막는 장치를 마련하지 않을 수 없게 되었다. 자본이 움직이는 과학기술은, 고용의 종말, 잉여, 흙수저 '담론'의 시대에 인간의 자아를 구원해주었다. 스마트폰, SNS는 나의 자아가 되었다. 1인 매체 시대의 등장. '나'는 'KBS', '조중동' 이상의 존재가 된 것이다. 어린이들의 장래 희망이 건물주에서 유튜버로 이

동했다.

이런 상황에서 자신을, 몸을 긍정적으로 생각하기란 혁명에 준하는 발상이 없다면 불가능하다. 그 발상의 전환을 위해서는 몸에 대해 쓰기, 말하기, 듣기, 이런 책(『몸의 말들』)을 읽고 토론하는 커뮤니티의 존재가 필수적이다. 페미니즘이 낯설지 않은 이 시대에도, 여전히 여성은 남성 사회가 만든 몸 이미지에 갇혀 있다. 남성의 존재성은 돈, 지식과 권력으로 평가되는 반면, 여성의 시민권은 외모로부터 시작된다. 남성은 정치적, 역사적 존재이고 여성은 생물학적, 의학적 존재라는 가부장제의 전제는 변하지 않고 있다. 아니, 더욱 심화되어 여성은 완벽한 스펙에 '예쁘고 날씬하고 풍만해야 한다'. 그리고 부모의 자본을 바탕에 둔 몇몇 '슈퍼 걸'들이 매스컴을 지배한다.

'사회적 약자'는 평생 자신을 사랑하는 문제와 투쟁해야 하는 이들이다. 성별, 인종, 계급, 나이 등은 인간의 본질이 아니라 사회적 해석이다. 몸의 영역에는 쉽거나 작은 실천이 없다. 인생에서 가장 어려운 일이 자신을 알고 변화시키는 것이기 때문이다. 타인의 시선을 상대하는 용기, 나이듦을 인정하는 것, 아픈 상태도 인생의 소중한 부분이라는 인식, 남의 몸에 대해 되도록 적게 말하기부터 시작하자.

차례

발문 몸을 긍정하기, 가장 어려운 혁명_정희진   4

몸, 자연스럽게

사랑과 혐오, 그 사이에서 · 백세희

백 살 먹은 마귀할멈   24
보여주기 위해서, 사실 보이고 싶지 않아서   28
Atopy: 부적절한, 이상한   35
사랑한다, 사랑하지 않는다   39
사랑과 혐오, 그 사이에서   43

사이즈 차별 없는 세상을 꿈꾸며 · 치도

사이즈와 행복   48
주인공의 바디 포지티브   58

오늘 나의 몸 · 이현수

엄마의 몸   68
나의 몸   78

몸, 솔직하게

몸이라는 각자의 집 · 강혜영

우리 집에 왜 왔니	92
즐거운 나의 몸	99
몸이라는 각자의 집에서	105

편견 없는 몸의 그림 · 황도

타투, 몸에 새긴 이야기	117
타투로 달라지는 것, 달라지지 않는 것	126

몸, 건강하게

'몸매' 없는 세계의 운동 · 구현경

Zero to One	142
팀버로의 여정	156

〈아워 바디〉, 몸의 솔직함에 대하여 · 한가람

서른한 살 윤자영	169
노골적인 시선으로부터	176
내 몸으로 할 수 있는 것들	182
왜 다들 그렇게 생각해?	188

몸, 온전하게

버티는 몸 · 고권금

—	198

몸, 자연스럽게

사랑과 혐오, 그 사이에서
·
백세희

문예창작학과를 졸업한 뒤 출판사에서 5년간 일했다.
10년 넘게 기분부전장애(경도의 우울증)와
불안장애를 앓으며 약물치료와 상담치료를 받았다.
책을 읽고 글을 쓴다. 가장 좋아하는 음식은 떡볶이다.

나의 몸을 이야기하는 걸 주저하는 유형은 아니지만, 이야기의 방식을 고민할 때는 많다. 나는 이제 내 몸이 겪은 일과 생각을 솔직하고 자유롭게 꺼낼 수 있다. 말할 수 있고 쓸 수 있다. 읽거나 들을 상대가 누구인지도 크게 중요하지 않다. 하지만 고민하는 건 무게감이다. 그때의 감정을 그대로 꺼내어 조금은 무겁게 털어놓을 것인지, 감정은 지우고 담담하게 써나가야 할지, 아니면 유머로 치환하고 자조하며 가볍게 표현해야 할지…….

지나간 고통을 꺼낼 수 있는 건 이제는 자국이나 흉터 정도로 남았기 때문이다. 떠올리기만 해도 수치감이 밀려들던 감정에서 벗어나 상처의 흔적을 응시하고 어루만질 수 있다.

 어쨌든 내가 선택한 무게는 묵직함이다. 과잉된 감정으로 비칠 수도 있겠지만 가볍게 털어놓을 문제는 아니라고 생각하기 때문이다. 내 몸의 역사는 상처와 동일시되고 사랑보단 혐오에 가까운, 계속 남아 있고 앞으로도 남을 흔적이기에. 아무리 애를 써도 나는 내 몸에서 도망칠 수 없고, 함께 가야 하기에 한 번쯤은 자세하고 진지하게 꺼내보는 것도 좋을 것 같다. 사실 한 번도 제대로 말해본 주제가 아니기도 하고. 이렇게 쓰고 보니 뭔가 거창한 밑밥을 까는 것 같아 민망하긴 하지만 말이다.

백 살 먹은 마귀할멈

나는 90년생이다. 유전성 아토피 피부염과 함께 태어났고 오랜 시간 고통받았다. 지금은 현대인의 질병이라고 말할 정도로 흔하지만, 내가 어릴 때만 해도 생소한 질환이었다. 병에 대해 모르는 사람이 대다수였고 그만큼 이해도도 낮았다. 옮는 거 아니냐며 의심하고 두려워하던 사람들이 많았으니까.

시작은 얼굴과 팔다리, 엉덩이였다. 간지럽고 건조해서 눈썹이 거의 빠졌고 눈두덩은 늘 빨갛게 부어 있었다. 팔과 다리의 접히는 부분과 엉덩이 밑이 간지러웠고 긁으면 상처가 나는 과정을 반복했다.

 사실 얼굴 쪽이 심해진 건 초등학교에 입학하고부터 였기 때문에 유치원에 다닐 땐 단지 간지러운 게 고통스럽다, 정도의 마음이었다. 간지러워서 잠을 못 자는 것도 긁어서 상처가 나고 따가운 것도 싫었다. 넘어져서 생긴 상처에 아픔과 불편함을 느끼듯 딱 그 정도였지, 어떠한 자기평가로 이어지지는 않았었다. 하지만 내 몸에 대한 평가와 느낌은 타인의 시선으로부터 시작된다는 걸 학교에 입학한 뒤 처음 느끼게 되었다.

 타인을 통해 느낀 내 몸에 대한 첫 감정은 수치심이었다. 간지러움의 고통과 불편함을 넘어서 내 가치나 수준을 어렴풋이 재단하게 되던 순간이었다. 아이들은 순수한 만큼 솔직하고, 그 솔직함이 간혹 상대에게 어떤 상처가 되는지를 헤아리지 못할 때가 많았다. 반 아이 중 한 명은 대놓고 "너 피부가 왜 그래? 옮는 거 아니야? 징그러워" 하면서 몸서리를 치며 돌아섰고 그 말은 그 후로도 내가 아주 오래, 많이 듣는 말 중 하나가 되었다.

학예회 때 친구들과 동그랗게 둘러서 손을 잡고 빙빙 도는 춤을 춘 적이 있다. 내 옆의 남자아이가 내 손을 잡기 싫어했던 기억이 선명하다. 그 아이는 연습하는 내내 손을 잡지 않고 교실을 돌았고 학예회 날에는 내 손끝만 잡고 춤을 추었다. 내 손을 안 잡았던 것도, 나중에는 손끝만 잡았던 것도 오래 기억에 남았다.

다른 아이와 함께 꼭두각시 춤을 추었을 땐 이런 일도 있었다. 각시인 내가 쭈그려 앉아 엉엉 우는 시늉을 하다 좌우 어깨너머로 돌아보면 서방인 짝이 나를 내려다보며 달래주어야 했는데, 연습 내내 오른쪽이나 왼쪽 위를 처다보면 짝이 없었다. 나와 짝이 되는 게 싫었던 아이 탓에 허공을 바라보며 춤을 추어야 했던 것이다.

그 아이들은 다른 친구들과는 손을 잡았다. 율동에 맞춰 춤도 추었다. 나는 자연스레 다른 아이들보다 내가 뭔가 부족한 존재라는 느낌을 받았다. 울지 않고 아무렇지도 않은 척, 상처받지 않은 척하는 게 내가 할 수 있는 최선이었다. 나를 싫어했던 그 애들에게 할 수 있는 건 없었다. 내 피부가 징그럽고 꺼림칙하다며 피하는 아이들 앞에서 늘 무력해졌다.

그 후로 나는 성이 백씨이고, 얼굴이 건조하고 주름져서 할머니 같다는 이유로 '백 살 먹은 마귀할멈'이라는 별명을 얻었고 그 사실이 별로 슬프지도 않았다. 나는 이미 내 피부를 혐오하고 있었고, 이어서는 나 자신을 혐오했고 그래서 다른 이들이 내게 함부로 대하는 것을 자연스럽다고 느꼈다. 내게 문제가 있기에 아이들이 저럴 수밖에 없다고 생각했다. 겉모습만으로 사람을 평가하고 값을 매기는 행동이 잘못되었다는 걸 알기에는 어린 나이였다.

보여주기 위해서,
사실 보이고 싶지 않아서

내 몸의 문제를 고치기 위한 노력이 그저 숨기기 위한 몸부림으로 변한 건 중학생 때였다. 아토피는 난치병이다. 식습관, 운동, 보습 등 일상에서의 관리가 가장 중요한데 이런 습관은 들이기도 어려울뿐더러 시간이 꽤 오래 걸린다. 나는 이미 정서적으로 불안하고 타인의 눈을 심하게 의식하는 청소년으로 자라 있었다. 운동을 습관화하는 건 어려웠고 친구들과 노는 게 좋았으며 맛있는 걸 먹지 않고 참는 건 더더욱 힘들었다. 그래서 운동도 하지 않고 음식도 가리지 않고 먹으며 외모를 꾸미는 데에만 집중했다. 자연스레 피부는 점점 더 나빠졌다.

중학교 2학년이 되자 아토피는 전신으로 번졌다. 얼굴과 팔과 몸, 다리 전체, 심지어 손등까지도 두드러기가 잔뜩 올라와서 엄마도 나도 당황하며 피부과로 향했다. 피부과에서는 당연히 스테로이드 약과 연고를 처방해주었고, 그때는 그것이 기나긴 여정의 시작일 줄은 몰랐다.

찐득거리는 스테로이드 연고를 받아 와 얼굴과 몸에 바르고 잠들었던 밤, 간지럽지 않아서 놀라울 정도로 숙면할 수 있었다. 밤이면 낮보다 두 배는 더 간지러워지는 탓에 잠도 잘 못 이루고, 자다가도 몇십 번이고 깼었는데 말이다. 아침에 일어나자마자 반사적으로 달려가 본 거울 안에는 붉은 기가 다 가라앉은, 내 피부 같지 않은 피부가 있었다. 그 장면의 기억은 아직까지도 강렬하다. 건조하지 않았고 톤도 균일했으며 몸이 가뿐했다. 나는 아토피가 다 나았다고 생각했다. 스테로이드에 대해 잘 알지 못했으니 당연한 일이었다.

친구들도 내 모습의 변화를 바로 알아보았다. 피부가 너무 좋아졌다고, 아토피가 다 나은 거 같다며 칭찬했다. 나도 보드라운 내 피부를 보는 게 너무 오랜만이었기에 뛸 듯이 기뻤다. 사실 좋아진 피부보다 친구들의 칭찬이 더 기뻤다. 다른 사람들의 눈에 내 피부가 이상해 보이지 않는다는 사실이 정말 좋았다. 쉬는 시간마다 교실 뒤에 있던 전신거울 앞에 서 있고는 했다.

하지만 정확히 3~4일 뒤쯤 아토피는 거의 폭발하듯이 심해졌다. 약을 바르지 않은 피부는 아주 예민해져서 조금만 긁어도 붓고 열이 나며 상처투성이가 됐고, 간지러움은 상상을 초월할 정도였다. 여름이면 모기에 물려도 알아차리지 못할 정도로 심한 간지러움이었다. 잠을 거의 자지 못했고 거의 온몸의 피부가 붉은색이었다. 대부분 빨갛고 아주 드문드문 살색이 보이는 내 피부가 익히지 않은 고깃덩어리처럼 느껴졌다. 처음 알게 된 스테로이드 부작용이었다.

사람들은 피부가 왜 그러냐는 말을 생각보다 쉽게 꺼냈고 징그러워하거나 안타까워하는 시선도 숨기지 않았다. 나는 조금씩 지쳐갔던 것 같다. 나라는 사람을 제대로 알지 못하고 대화조차 나누어보지 않았음에도 오직 피부 때문에 날 꺼림칙하게 보거나 동정하는 시선, 아무렇지도 않은 척 나를 대해도 피부로 향하는 눈길이 느껴지는 모든 순간이 지겨워졌으며 그 시선을 못 본 척하고 무시하는 일은 아주 힘들었다. 그래도 나는 무시해야만 했고 아무렇지도 않은 척 굴어야 했다. 그 시선에 예민하게 반응하거나 분노를 표현하는 방법도 몰랐고 자신도 없었다. 내 피부가 왜 이런지 나도 잘 알지 못했고, 나 역시 내 피부가 싫고 끔찍했으니까.

사람들 앞에 나서거나 눈을 마주치는 게 두려워졌고 마음이 점점 비뚤어졌다. 누군가를 좋아해도 내색할 수 없었다. 성격까지 별로라는 말을 들을까 봐 일부러 밝은 척하기도 했다. 단지 피부 하나 때문에 내가 나를 억압하고, 원하는 것을 표현하지 않고 숨기는 것에 익숙해졌으며 그건 점점 내 주된 성향처럼 굳어갔다. 겉으로 보이는 피부 외에 내게 가치 있고 진실된 것은 별로 없어 보였다.

하복을 입어야 하는 여름이 올 때면 지옥 같았다. 햇빛에 드러난 피부의 상처와 두드러기, 그리고 그걸 볼 사람들을 생각하면 끔찍했다. 교복 외에는 반팔 티셔츠와 반바지를 입지 않았고 상처 때문에 여름에도 스타킹을 신어야 했다. 집이 아닌 다른 곳에서 잠을 잘 수도 없었다. 밤새 긁는 탓에 다른 사람에게 피해를 주니까. (그래서 수학여행도 싫었다.) 손톱을 늘 바짝 깎고 뾰족하지 않게 갈아야 했고 간지러움이 심한 날에는 온몸에 랩을 감고 자고는 했다. 몸을 묶어두면 잠을 아예 못 잤고, 장갑을 끼고 자면 장갑의 면으로 몸을 긁었기 때문이다. 혹시나 해본 사람들은 알 수도 있겠지만, 랩을 관절 쪽까지 다 감아야 하기에 움직이는 것도 불편하고 덥고 숨도 잘 안 쉬어지는 총체적 난국이다……. 얼굴에도 종종 랩을 감았는데, 아침에 일어나 (자면서 다 뜯어버렸는지 랩은 사라지고) 상처 난 얼굴을 바라볼 때의 기분은 설명하기 어려웠다. 가족에게도 벗은 몸을 보여주지 않기 시작했고 자연스레 집 안에서 내 피부는 꺼내지 말아야 할 금기어가 되었다. 내 피부는 고치고 나아져야 할 하나의 문제가 아니라 무조건 가리고 숨겨야 할 부끄럽고 흉한 존재가 되었다.

학교에 가면 강박처럼 나보다 아토피가 심한 사람이 있는지, 피부가 안 좋은 사람이 있는지 찾고 비교하고는 했는데 피부과 약을 쓰지 않고 한약으로 아토피를 치료 중인 친구가 있었다. 스테로이드(양약)가 피부 질환을 일시적으로 숨겨준다면 한약은 독소를 밖으로 빼내는 방식이라 치료 중엔 아토피가 훨씬 심해진다고 했다. 그 애는 얼굴과 몸이 온통 붉어진 상태로도 학교를 잘 다녔지만, 나는 그 애가 부럽지 않았다. 그 애는 몰랐던 그 애의 별명은 끔찍했기 때문이다. 나는 내게도 별명이 붙을까 봐 두려웠고 이미 붙은 별명을 알게 될까 봐 또 두려웠다.

그래서 의사의 만류에도 울고불고하며 강도 높은 약을 받아내고는 했다. 스테로이드 연고의 등급은 아주 약한 5등급부터 시작되는데, 약을 오래 쓰면 내성이 생겨 효과가 떨어지기에 등급을 조금씩 올려야 했다.

내 피부를 직면하고 시간을 들여 개선하려는 노력보다는 당장 조금이라도 멀쩡한 피부로 보이는 게 훨씬 중요했다. 나는 다른 아이들처럼 보이고 싶었다. 다른 아이들과 비슷한 피부가 되어 내 피부가 눈에 띄지 않기를 바랐다. 보여주고 싶었지만 보이고 싶지 않았다. 내 피부의 정상적인 기능이나 건강보다는 다른 이들의 시선이 훨씬 더 중요했기에 밤마다 잔뜩 연고를 바르고 아침이면 화장을 했다. 얼굴과 몸에 컨실러를 덕지덕지 발라 붉은 기와 상처를 억지로 가리고 또 가렸다.

Atopy : 부적절한, 이상한

 아토피의 어원은 그리스어로 '부적절한', '이상한'이라는 뜻이다. 무엇이 부적절하고 이상한지, 그 기준이 무엇인지 궁금하지만 나는 나 자신을 부적절하고 이상한 사람처럼 여기며 약 10년을 흘려보냈다. 20대가 된 나는 여전히 약을 끊지 못하고 1등급의 스테로이드 연고를 쓰고 있었다. 스테로이드 중독에 의한 부작용은 다양하다. 안면홍조가 생겼고, 살짝 스치기만 해도 멍이 들거나 상처가 날 정도로 피부가 예민해졌으며 에일리언 같다, 피부가 기름종이 같다는 소리를 들었을 만큼, 모세혈관이 다 비칠 정도로 피부가 얇아졌다. 혈관 역시 마찬가지로 얇아졌다. 주사를 맞거나 피를 뽑을 때마다 간호사들은 혈관을 찾기 힘들어했다. 약해진 피부 탓에 주사를 맞고 나면 커다랗게 멍이 들었다.

1등급 스테로이드 연고로 아토피의 특징인 건조하고 붉은, 상처투성이인 피부는 숨길 수 있었지만 새롭게 찾아온 부작용은 숨길 수 없었다. 계속 약해지고 얇아지는 피부를 보고 느끼면서도 그만둘 수가 없었다. 이미 너무 먼 길을 온 것 같았고 인터넷에 '탈스(탈스테로이드)' 후기를 보는 것만으로도 온몸이 벌벌 떨렸다. 그냥 엄마를 닮아서 피부가 약하다고 말하는 게 훨씬 편했다. 얇은 피부는 핏줄이 다 비치고 붉게 보였지만 아토피보다는 나았다. 내게 아토피는 무조건 숨겨야 할, 부적절하고 이상한 수치의 대상이었다. 사실 뛰어나게 좋은 피부를 원한 것도 아니었고 그저 아무도 내 피부에 신경 쓰지 않는, 남들 눈에 띄지 않는 피부가 되고 싶었을 뿐이었는데.

녹내장에 걸렸다는 걸 알았을 땐 스물셋이었다. 어

느 날부터인지 머리와 눈이 터질 것처럼 아파서 잠을 못 자는 날이 많아졌다. 늘 얼음팩이나 핫팩을 대고 있어야 했고 장시간 무언가를 읽거나 보지 못했다. 동네 병원을 몇 번 찾아갔으나 결막염이니 렌즈를 끼지 말라는 말만 들었을 뿐이었다.

학교 수업을 마치고 집으로 돌아가는 길에 머리와 눈이 또 아파왔고, 문득 왼쪽 눈이 잘 보이지 않는다는 걸 깨달았다. 직감적으로 큰 병원을 예약했다. 시력검사를 하자 왼쪽 시력이 잡히지 않았고 안압검사를 하고 나서는 간호사가 고개를 갸웃했다.

"왼쪽 눈에 큰 충격을 받은 일이 있었어요? 부딪혔거나 맞았다거나?"

"엥, 아니요?"

"녹내장 검사하셔야 할 것 같은데. 정상 안압 수치가 10에서 20 사이인데 지금 44예요."

바로 검사를 했고 녹내장이 이미 많이 진행되어 왼쪽 눈 시신경이 반 이상 손상되었다는 사실을 알게 됐다. 왼쪽 눈이 거의 안 보인다는 사실을 그제야 깨달았을 정도로 나는 내 몸의 건강에는 전혀 관심이 없었다.

녹내장의 원인은 인터넷 검색을 통해 쉽게 알 수 있었다. 스테로이드는 녹내장을 유발한다. 제일 높은 등급의 약을 쓰면서도 제대로 손을 씻지 않고 눈을 비비고 만지며 쌓인 시간이 초래한 결과였다.

한 번 쓰면 평생 써야 한다는 녹내장 안약을 처방받고 집에 돌아와 스테로이드 연고를 몽땅 버렸다. 휴학을 했고, 매일 집 앞 중학교 운동장을 열 바퀴씩 뛰며 채식 위주의 식사를 했다. 약을 바르지 않으니 몸 안에서 스테로이드 호르몬이 만들어지지 않아 피부가 뒤집어지고 동시에 호르몬 이상이 나타나기 시작했다. 식욕, 성욕, 수면욕이 모두 사라졌고 살기 위해 밥을 먹고 살기 위해 잠을 잤다. 죽고 싶었지만 죽을 힘이 없어서 새벽 내내 베란다 밖만 바라봤다. 무서운 속도로 살이 빠졌고, 피부는 온통 붉어서 피부라고 보기도 힘들었다. 그로부터 얼마 지나지 않아 안압이 다시 44로 치솟아 응급수술을 하게 됐다.

사랑한다, 사랑하지 않는다

 처음 몸에 관해 쓰려고 했을 때 당연히 다이어트 이야기를 하려고 했다. 날씬한 몸, 통통한 몸, 뚱뚱한 몸을 다양하게 오가며 완벽한 몸매에 대한 강박에서 벗어나지 못했던 이야기를 써야겠다고 생각했다.
 하지만 다시 생각해보니 내 몸에서 가장 길고 질긴 역사를 가진 건 피부였다. 내 삶을 통틀어 가장 나를 위협하고 영향 준 부분 역시 피부다. 피부에 대한 수치감은 너무나 강하면서도 일상처럼 당연해서 오히려 제대로 드러낸 적이 없었다. 내 피부에 대한 진실을 외면

하고 오랜 시간 받아들이지 못했기에 굉장히 익숙하면서도 생경했다고 해야 할까. 그래서 어느 정도 자유로워졌음에도 불구하고 쓸 생각을 하지 못했다. 내 몸에 관한 이야기는 피부가 제일 먼저이자 빼놓을 수 없는 주축이었음에도 불구하고.

녹내장 수술을 한 이후의 내 삶은 어땠을까? 그대로였을까?

한쪽 시력을 거의 잃은 후에야 내 피부를 제대로 직면할 수 있었다. 대학병원에 찾아가 스테로이드 강도를 점점 낮추며 약을 줄였고 나중에는 비스테로이드 연고를 썼다. 운동도 하고 식이요법도 열심히 했다. 몇 년의 노력 끝에 얼굴의 아토피는 거의 없어졌고 몸은 이따금 심해질 뿐 매일 고깃덩어리 같던 피부와는 작별을 고했다. 현재는 가장 낮은 단계의 스테로이드 연고를 의사와 상의하여 사용하고 있다.

그러면 이 모든 우여곡절을 겪으며 내 피부를 받아들이고 개선하기 위해 노력했으니까, 이제는 내 몸을 사랑하게 되었을까?

나는 내 몸을 사랑하는가, 내 몸을 긍정하는가에 관해 오래 생각했다. 질문을 던지고 대답을 오래 보류했다. 그렇게 해서 내린 결론은 '아니다'였다. 나는 여전히 내 몸을, 내 피부를 사랑하거나 긍정하지 못한다. 그럼 나는 실패한 걸까? 사랑하거나 혐오하거나, 둘 중 하나만 있는 것일까?

그렇다고 생각하지 않는다. 아주 오랫동안 내 몸을 혐오했고 또 그만큼의 시간을 들여 사랑하고 싶었지만 아무리 노력해도 '내 몸을 있는 그대로 사랑한다'라는 목표치에 도달하지 못했다. 애초에 우리 삶이 그렇게 쉽게 온점을 찍을 수 있는 문제가 아니기도 하고.

내 몸을 있는 그대로 받아들이고 사랑하려 노력하다 보니 매일 실패하는 나를 발견했다. 피부를 위해 술을 마시지 않으려고 했지만 참지 못하고 마시는 나를 사랑하지 못하고, 다음 날 악화된 피부를 보며 또 나와 내 피부를 혐오했다. '내 피부를 사랑해야 한다'라는 미션은 단 한 번이라도 실패하면 절대 정상까지 오르지 못하는 산이었다. 내 생각은 '내 피부를 사랑한다, 사랑하지 않는다.' 두 가지에만 매몰되어 있었으니 어떤 노력을 해도 결국 내 피부를 사랑하는 사람이 될 수 없었다.

지금은 나를 향한 사랑이 불가능하다거나 완결된 상태가 아니라고 생각한다. 오히려 몸에 대한 애정은 매일 바뀐다고 볼 수 있다.

내 피부, 내 몸을 사랑한다는 건 사실 자존감의 문제다. 있는 그대로의 나를 받아들일 수 있다는 건 있는 그대로의 내 몸도 받아들일 수 있다는 거니까. 하지만 이 자존감은 높거나 낮거나의 두 가지의 선택지만 있는 것이 아니며 어느 한쪽에만 멈춰 있는 고정된 형태도 아니다. 어제 술을 마셨다면 내 몸을 사랑하지 않는 날이 되고, 오늘 운동을 하고 건강한 음식을 먹는다면 내 몸을 사랑하는 날이 된다. 언제든지 나는 나를 사랑하거나 싫어할 수 있다. 그렇기에 사랑하지 못했다고 해서 나 자신을 통째로 부정하거나 자책할 이유도 없다.

사랑과 혐오, 그 사이에서

 꼭 내 몸을 사랑해야만 할까? 책, 광고, 드라마, 영화 등 미디어에서는 늘 말한다. 자기 자신을 사랑해야 한다고, 당신의 모습이 어떻든 당신은 그 자체로 아름답다고. 난 이 말이 완전 별로라고 생각한다. 때로는 날 사랑해야 한다는 마음 자체가 억압과 폭력이 된다. 내가 나를 사랑할 수 없는데, 내 피부도 몸매도 마음에 들지 않는데 어떻게 사랑할 수가 있을까. 받아들이고 사랑하지 못하는 나는 금세 한심한 존재가 되어버리고, 그럼 또다시 나를 사랑하지 못하게 된다.

내 몸을 아주 오랫동안 혐오했던 역사는 점점 더 깊고 진한 혐오의 세계를 항해하는 것과 같았다. 반대쪽에는 사랑이 있고, 나는 그곳으로 가기 위해 노를 힘껏 저어보지만 아주 작은 장애물에도 다시 저 멀리 밀려나고 만다. 내 두드러기를 끔찍이 여기면서, 또 내 피부만으로 나를 평가하는 사람들을 보며 사랑에 실패하고 다시 혐오의 세계 위에 둥둥 떠 있다. 사랑의 세계와 점점 더 멀어져가는 기분이었다.

 지지부진하게 사랑을 향해 나아가다가 더 깊은 혐오의 세계로 밀려나면서, 내 몸을 사랑하기 위한 노력을 멈추었다. 이 선택은 나를 계속해서 혐오하겠다는 말이 아니다. 사랑하지도, 혐오하지도 않겠다는 말이다. 어떤 평가나 판단을 하지 않겠다는 뜻이다.

 아주 어릴 때의 나는 내 몸에 대해 생각하지 않았다. 간지러우면 그저 간지러운 거였고 아프면 그저 아픈 거였다. 그런 내 모습이 혐오스럽거나 사랑스럽거나 하지 않았다. 내 몸은 그냥 몸일 뿐 긍정과 부정의 대상이 아니었다. 하지만 우리는 자라면서 몸에 아주 많은 평가의 꼬리표를 붙인다. 마음에 들어, 괜찮아, 별로야, 끔찍해 등등 평가의 꼬리표를.

나는 이 꼬리표를 전부 떼어내려고 노력 중이다. 물론 아주 이상적인, 유토피아 같은 이야기다. 이미 타인을 통해 나와 내 몸을 인식하면서 몸은 평가의 대상이 되어버렸고 이렇게 된 이상 돌이킬 수 없다는 걸 알기 때문이다.

그래서 노력한다. 아주 어릴 때의 내 모습은 되지 못하더라도 내 몸을 사랑하지도 혐오하지도 않는 '0'의 상태로 가고 싶기 때문이다. 그래서 나는 오늘도 두드러기를 보고 '두드러기 친구들'이라는 별명을 붙이며 말도 걸고, 내 피부를 구태여 관찰하거나 쳐다보지 않는다. 타인에게도 마찬가지다. 다른 사람의 피부와 나를 비교하던 시절에서 벗어나 타인에 대한 어떤 평가나 꼬리표를 붙이지 않으려고 노력한다. 내 몸이 싫은 날에도 '마음에 들지 않는다' 이상의 혐오 표현을 자제하려고 노력한다. 사랑하지는 못해도 혐오하지도 않는 내가 되고 싶어서.

사실 365일 내 몸이 마음에 들기란 어려운 일이다. 그게 더 이상하고 부적절하지 않은가 싶기도 하다. 하지만 내 몸을 미워하는 날보다 사랑하는 날이 훨씬 많아지기를 꿈꾸며 산다. 타인이 타인을 피부나 몸무게, 장애 등으로 평가하지 않고 그게 당연한 세상을 꿈꾼다. 그래서 나부터 그렇게 하려고 한다. 타인을 만날 때 외면을 보지 않으려고 노력하고, 내 몸에도 관심을 지우면서. 몸은 그냥 몸일 뿐 아무것도 아니라고 되뇌면서. 그렇게 계속 나만의 유토피아를 상상하고 꿈꾼다. 이게 내가 할 수 있는 내 몸에 대한 최선의 노력이자 사랑인 셈이다.

사이즈 차별 없는 세상을 꿈꾸며
·
치도

국내 1호 내추럴 사이즈 모델이자 패션 유튜버.
다양한 패션 팁을 알려주는 영상 외에도 다이어트 강박증,
섭식장애, 내추럴 사이즈, 바디 포지티브 등의 이슈를
다루며 구독자들과 소통하고 있다.
'사이즈 차별 없는 패션쇼'를 기획·주최했다.

사이즈와 행복
— 국내 1호 내추럴 사이즈 모델이 되기까지

 다이어트에 대한 강박은 천천히 나를 잠식해갔다. 분명 시작은 모델이라는 꿈을 이루기 위해서였다. 대학교 3학년 진학을 앞둔 무렵, 부모님께는 해외로 교환학생을 떠나고 싶다고, 휴학하고 영어와 다른 공부를 하고 싶다며 거짓을 말씀드렸다. 본 목적은 다이어트였다. 살을 빼야만 진짜 내 인생이 시작될 것이라 믿었고, 살이 오른 당시의 모습은(165센티미터, 57킬로그램) 나의 진짜 모습이 아니라고 생각했다. 내가 원하는 상상 속 나의 모습은 '앙상할 정도로 마르고 날씬한' 모습이었다. 그리고 그 목표를 이루기 전에는 행복해질 수 없으리라고 믿었다.

극단적인 외모지상주의자였다. 나의 몸을 쉽게 평가하는 만큼, 남들의 몸도 쉽게 평가했다. 외적인 아름다움이 가져다주는 혜택을 꿈꿨고, 간절히 소망했다. 내가 원하는 꿈도 당연히 더 쉽게 이룰 수 있을 것이라 생각했다. 그래서 휴학계를 내고 '인생 마지막 다이어트'에 도전했다. 이전까지도 복싱이나 수영, 헬스, 걷기, 줄넘기, 필라테스, 요가 등 다이어트로 유명한 운동들을 다 해봤고, 영양과 칼로리를 고려한 다이어트 정석 식단부터 며칠 내내 두유만 먹는 원푸드 다이어트, 몸의 독소를 빼는 디톡스 다이어트, 먹는 시간을 조절하는 간헐적 단식 다이어트 등 종류별로 시도했었다. 이번만큼은 더욱 제대로 해서 끝장을 내고 싶다는 마음이 컸고, 헬스장 아르바이트를 하며 운동을 배우고, 도시락을 싸서 먹기에 이르렀다.

처음에는 뿌듯했다. 삶이 나의 통제 안에 있다는 느낌에 기분이 좋았고, 계산대로 가면 금방 다이어트에 성공할 것 같았다. 하지만 조급함이 독이었을까? 매일 아침과 저녁으로, 밥을 먹기 전과 후로, 운동을 하기 전과 후로, 혹은 화장실 다녀오기 전과 후로 몸무게를 재고 심심하면 줄자로 사이즈를 체크했다. 먹고 싶은 음식은 '보상 데이'로 미루고 평일에는 엄격하게 식단을 지켜 먹었다. 그렇게 정말 열심히 했는데 기대보다 살이 덜 빠졌을 때는 실망감이라는 거대한 파도가 온몸을 덮치는 기분이었다.

'내가 얼마나 힘들게 운동했는데, 내가 얼마나 먹고 싶은 거 다 참고 참으면서 인내했는데…… 인내는 쓰고 열매는 달다고 하지만 그 열매 언제 먹을 수 있는 건데……?'

결국 꾹꾹 눌러 담기만 했던 인내가 터져버렸다. '그동안 잘해왔으니까, 오늘만 먹고 내일부터 다시 열심히 할까?'라는 생각이 들었다. 내내 양념치킨이 너무 먹고 싶어서 울었던 기억이 나 홀린 듯 양념치킨을 시켜서 한 마리를 다 먹었다. 다 먹고 난 뒤 갑자기 정신이 번쩍 들었다. 곧바로 양념치킨 한 마리의 칼로리를 검색했다. 기초대사량보다 조금 더 적게 먹고 운동을 많이 하면 된다는 다이어트계의 불문율 때문에 내가 스스로 정한 하루 섭취 칼로리 기준은 1,300이었다. 칼로리가 1,800에서 2,500쯤 된다는 글을 읽고 후회가 시작됐다. 잘하고 있었는데, 이거 하나 못 참아서…… 한 순간의 잘못된 선택이 모든 것을 망친 기분이었다. 참을 수 없는 죄책감과 스스로에 대한 혐오로 얼굴이 벌겋게 달아올랐고, 지금까지 해온 것들이 리셋되었다는 생각에 조급함은 더욱 나를 닦달했다.

결국 오늘은 많이 먹었으니, 내일은 덜 먹자는 결론을 내렸다. 그래서 다음 날 평소보다 더욱 엄격하게, 거의 굶듯이 음식을 제한했다. 그래도 변함없는 체중계의 숫자는 더 큰 스트레스로 다가와 또 다시 폭식을 일으켰다. 나중에는 음식을 산처럼 쌓아두고 정신없이 먹고 있었다. 입에 넣어 꼭꼭 씹는다는 생각보다 자각

없이 그냥 닥치는 대로 입에 집어넣었던 것 같다. 폭식과 절식 그리고 후회, 또 폭식과 단식 그리고 죄책감, 또 폭식과 금식 그리고 나에 대한 혐오감……. 벗어날 수 없는 악순환이었다.

시작은 쉬웠다. 폭식과 절식에 지친 나는 아무리 많이 먹더라도 그것들을 소화시키지 않고 바로 뱉어내면, 토해내면 살이 안 찔 것이라는 생각에 다다랐다. 그래서 나는 살을 빼기 위해 직접 손가락을 목 안에 넣어 내가 먹은 것을 힘겹게 토해냈다. 그러자 아이러니하게도 나를 짓누르던 폭식에 대한 죄책감과 혐오감에서 벗어나 가벼운 마음이 들었다. 먹고 싶은 음식도 먹고, 살이 찔 염려도 없으니 그 순간만큼은 가장 현명한 선택을 한 기분이었다. 그렇게 '먹토'를 시작했다.

아침에 눈을 뜨는 것이 무서웠다. 일어나면 가장 먼저 먹고 싶은 음식이 떠올랐다. 그리고 그걸 참아야 한다는 생각이 들었다. 행복해지고 싶지 않은 거냐고, 더 좋아질 꿈같은 미래를 포기할 거냐고 질타하는 내 안의 또 다른 목소리가 들렸다. 그리고 해야 할 일들을 정리했다. 운동하기, 식단 맞춰 먹기, 사이즈 재기, 몸무게 재기, 더 도움 될 다이어트 정보 찾아보기, 동기부여를 위해 몸매 좋은 연예인 사진 찾아 저장하기, 다이어트 성공한 사람들의 후기를 찾아보며 달라질 내 미래를 점쳐보기.

이상하게 먹어도 마음이 허했고, 배가 부르지 않았다. 계속 배가 고팠고, 먹고 싶었지만 참았다. 날이 갈수록 예민해지고, 사람들을 피하고 싶어서 집 밖에 잘 나가지 않았다. 내 마음도 모르고 맛있는 저녁을 준비하신 부모님이 미워 화를 내기도 했다. 결국 참지 못하고 폭식을 하면 그대로 토해내서 스스로를 위로했다.

여느 때와 마찬가지로 먹은 것을 토해낸 뒤 지쳐서 방에 앉아 있었다. 문득 '내가 지금 뭐 하고 있는 거지?'라는 생각이 들었다. 지금 내가 하는 모든 행동이 정상인가? 진짜 이대로 지속되어도 괜찮은가? 날이 갈수록 몸이 약해지는 게 느껴지는데 이러다 큰 병을 얻게 되는 것은 아닐까? 다 떠나서 나는, 지금 정상인가? 생각은 또 다른 생각을 가져오고, 나는 깊은 고민에 빠졌다. 옛날의 나는 하고 싶은 것도 많았고 꿈도 많았던 것 같은데, 스물네 시간이 모두 다이어트 그리고 그와 관련된 스트레스와 강박으로 가득 차버렸다. 옛날에는 이렇게까지 심하지 않았는데 어느 순간부터 절벽 끝에 서 있는 느낌이었다. 도대체 어디서부터 잘못된 것인지, 다시 되돌아가려면 어디서부터 손을 대야 하는지 눈앞이 막막했다.

깊은 고민 끝에 애써 무시하고 있던 진실을 깨달았다. '왜 나는 스스로를 사랑하지 못했을까? 왜 나는 내 모습을 있는 그대로 바라보고 인정하지 못했을까?' 나를 부정했던 시간들이 눈물 날 정도로 가엽게 느껴졌다. 스스로에게 좋은 소리 하나 못 해주고 날카롭게 상처를 줬던 과거의 내가 안쓰러웠다. 살이 쪄도, 살이 빠져도 나인데 선을 긋고 제대로 바라봐주지 않았다.

긴 시간 동안 타인의 기준으로, 사회의 기준으로 나를 몰아붙이느라 정작 '나'는 없었다.

다시 건강한 삶으로 돌아가기 위해서는 결국 다이어트를 그만두어야만 했다. 내가 했던 모든 방법들은 내 삶을 이롭게 해주는 게 아닌 스스로를 갉아먹고 오염시키는 바이러스와도 같았다. 이미 나의 생각과 몸은 정상에서 조금씩 벗어나 있었기에 '건강한 다이어트 방법'을 잊어버린 지 오래였고, 무엇보다 계속 이 '인생 마지막 다이어트'를 이어나갈 기력이 없었다.

하지만 무서웠다. 다이어트를 그만둘 용기가 쉽게 나지 않았다. 그만두는 순간 또 절제력을 잃어버리고 폭식을 하고, 살이 감당할 수 없을 만큼 쪄버릴 것 같아서, 그런 나를 마주할 용기가 나지 않아 무서웠다. 그래도 작디작은 내게 당시 주어진 선택지는 하나였기에 무작정 용기를 내야만 했다.

처음에는 스스로에게 거짓말을 했다. 다이어트를 그만두고 먹고 싶은 음식을 양껏 먹어 죄책감이 찾아올 때쯤 되새겼다. '이슬아, 괜찮아. 스스로를 미워하고 혐오하는 짓 이제 안 하기로 했잖아. 먹고 싶은 만큼 먹어. 하고 싶은 것 다 해. 모습이 아무리 변해도, 그래서 설령 옆에 아무도 남지 않아도, 끝까지 내가 사랑할게. 끝까지 내가 사랑해줄게. 괜찮아. 지금도 넌 충분해.' 솔직히 거짓말이었다. 사실은 무섭고 슬펐다. 그럴 때마다 더욱 거울을 보고 내 눈을 똑바로 쳐다보면서 괜찮다고 계속 다독였다.

변화는 느리지만 분명하게 찾아왔다. 다이어트를 그만두자 살이 쪘다. 마음껏 먹었으니 당연한 결과였다. 하지만 어처구니없게도 스스로가 귀엽게 느껴졌다. 괜찮다고 충분하다고 스스로에게 말하니까 점점 진짜 그렇게 믿겼다.

외적인 것을 내려놓고 잠잠하게 바라본 나는 꽤 근사한 사람이었다. 학창 시절 내내 회장, 부회장을 했을 정도로 리더십도 있었고, 어린 나이에 히말라야 트래킹을 다녀올 정도로 도전을 두려워하지 않았다. 고등학생 때부터 써온 꿈 목록을 차근차근 이루면서 풍부한 경험을 쌓아오기도 했다. 살이 쪄 있기 때문에 행복하지 않았다고 느꼈던 시간을 다시 돌이켜보니 순간순간이 행복이었다. 나는 그 자체로도 빛나는 사람이라는 데 집중하기 시작했다.

다시 하고 싶은 것들이 생각났다. 다이어트뿐이었던 스물네 시간이 다채롭게 나눠지고 있었다. 식욕이 하루 동안 가졌던 욕구의 전부였다면, 이제 다른 것들이 욕심나기 시작했다.

돌아오는 데 1년 조금 넘게 걸렸지만 균형적인 일상을 되찾았다. 그리고 플러스 사이즈 모델이라는 새로운 꿈이 생겼다. 지금의 내 모습으로도 당당하게 모델이 되고 싶었다. 아이러니하게도 꿈은 나를 망쳤지만, 다시 또 살아갈 힘을 주었다.

주인공의 바디 포지티브

그런데 예상하지 못한 난관에 부딪혔다. 기존 모델보다 사이즈가 크면 다 플러스 사이즈 모델인 줄 알았다. 하지만 내가 찾아간 모든 플러스 사이즈 모델 오디션에서 나를 보고 부족하다고 했다. 임팩트가 없다, 사이즈가 모자라다, 살을 더 찌워 올 수 있겠냐는 말이었다. 나는 너무 모델 일이 하고 싶은 나머지 살을 찌워 오겠다고 대답하기도 했다. 그리고 돌아와서 생각해보니 그 길은 아니었다. '지금의 나'를 인정하고 모델로서 도전해보자 결심했는데 여기서 살을 빼거나 찌우는 건

또다시 지금의 나를 지우는 행동이었다.

그러다 해외에서는 이미 나와 비슷한 상황을 겪은 사람이 '내추럴 사이즈 모델'로 활동하며 관련 산업을 만들어 발전시키고 있다는 사실을 알게 됐다. 말 그대로 기존 모델과 플러스 사이즈 모델 사이, 어쩌면 가장 많은 사람들이 가지고 있을 그 몸을 대변하는 모델이었다. 떨리는 마음으로 국내 포털사이트에서 내추럴 사이즈 모델을 검색했다. 하지만 나오는 결과는 없었다. 단 한 개도. 누군가 시작한 선례라도 있다면 따라갈 텐데 아예 실마리조차 나오지 않아 당황스러웠다. 그때 한 친구가 나에게 이런 말을 해주었다. 그냥 네가 대한민국 첫 번째 내추럴 사이즈 모델을 하라고.

그동안 가지고 있던 무언가가 깨지는 기분이었다. 기존의 모델이 있고, 플러스 사이즈 모델이 있는 거면 내추럴 사이즈 모델이 없을 이유가 없었다. 전 세계의 큰 흐름을 본다면 더 이상 모델 하기에 불충분한 사이즈는 없다는 생각이 들었다. 한국도 마찬가지로 곧 내추럴 사이즈 모델이 필요할 것이라는 확신이 생겼고 그 길을 내가 가고 싶었다.

 그렇게 나는 국내 1호 내추럴 사이즈 모델이 되었다. 물론 모델로서 촬영을 하고, 인정받고, 사람들에게 이 단어를 알리고, 지금 이렇게 책에 글을 쓰기까지 정말 길고 어려운 과정들이 있었다. 처음으로 길을 만든다는 것은 상상 이상으로 무거운 일이었다. 대한민국에 '내추럴 사이즈 모델'이라는 단어를 알고 쓰는 건 나 혼자뿐이었다. 컴카드(Composite Card, 모델의 개인 프로필 자료)를 만들어 평소 가고 싶었던 좋아하는 에이전시에 메일을 보냈다. 어떤 곳은 실물을 전해드리기라도 하고 싶다고 하면서 연락하고 직접 찾아가기도 했다. 애초에 그런 사이즈의 모델은 뽑지 않는다는 대답이나 무응답이 대부분이었다.

 그럼에도 계속 노력할 수 있었던 이유는 지키고 싶은 신념이 있었기 때문이다. 더 이상 과거의 나처럼 사이즈로 상처받는 사람이 없었으면 하는 것. 사이즈로

차별받지 않았으면 하는 것. 그리고 사이즈 때문에 주어진 행복을 잃지 말았으면. 사이즈 때문에 무언가 하고 싶은 일이 생겨도 포기하지 않았으면. 적어도 '도전할 수 있는 길'을 닦아놓고 싶었다.

그래서 내추럴 사이즈 모델에 대해 알리고 관심과 수요를 증명하고 싶어서 유튜브 채널을 개설해 관련 콘텐츠를 만들기 시작했다. 특히 바디 포지티브적인 미디어 콘텐츠를 만드는 것이 우선되어야 한다고 생각했다.

나는 내추럴 사이즈 모델이자 바디 포지티브 운동가로서 늘 궁금했다. '무엇이 나를 그렇게 맹목적으로 외적인 것을 추구하게 만들었을까?' 물론 얽혀 있는 수많은 원인들이 있겠지만 그중 하나는 미디어 속 획일화된 주인공의 모습이었다. 드라마나 영화를 보면 항상 외적으로도 내적으로도 완벽한 사람들이 주인공을 연기한다. 늘 해피엔드를 이루고, 성공하고, 시련을 이겨내 인정받는 주인공들의 '외적인 모습'은 절대 다양하지 않았다. 특히 여성 캐릭터는 더욱 그랬다. 어릴 때부터 읽는 동화 속 공주님들은 날씬하고 아름다웠기에 자연스레 따라가고 싶었던 것 같다. 그래서 나도 내 인생의 진정한 주인공으로서 행복해지려면 날씬하고 예뻐야 한다고 생각했던 것일까.

다양한 주인공들이 세상에 나왔으면 했다. 그래서 다이어트 강박증과 식이장애를 겪은 이야기 콘텐츠뿐만 아니라 재밌고, 쉽고, 흥미롭게 바디 포지티브 콘텐츠를 만들기 시작했다. '치도 옷 입히기'라는 영상은 한국뿐만 아니라 외국 구독자들에게도 인기가 매우 좋다. 마치 어렸을 적 했던 옷 입히기 게임처럼 유튜버 치도가 매 콘텐츠마다 주제를 가지고 8~10개의 코디를 실제로 입고 나와 현실적인 핏을 보여준다. 사람들은 그 영상을 단순한 패션 콘텐츠로 생각하지만, 사실 나만의 바디 포지티브 운동 중 하나이다. 165센티미터, 62킬로그램. 사회에서 금기시되었던 몸무게를 공개하고, 그에 맞는 패션도 보여주고, 긍정적으로 잘 살아가는 모습을 콘텐츠에 담고 싶었다. 굳이 무겁고 진지한 방법이 아니라 쉽고 흥미롭게 바디 포지티브를 보여주고 싶었다. 한국에서는 게으르다 평가받고, 여자 몸무게로 인정받지도 못하는 '그런 몸'을 가진 한 명의 여성이 주인공으로서 당당하게 패션도 즐기고, 자신을 사랑하는 모습을 전달하고 싶었다.

2018년에는 '제1회 사이즈 차별 없는 패션쇼: 내일 입을 옷'을 개최했다. 사실 모델로서 패션쇼 무대에 꼭 한 번 서보고 싶었는데, 나를 누군가 모델로 써주길 기다리는 것보다 내가 패션쇼를 만드는 길이 더 빠를 것 같았다. 그래서 다양한 몸을 가진 모델들 스무 명을 뽑아 쇼를 직접 기획했다.

주제는 단순하게 '내일 입을 옷'이었다. 우리는 모두 "내일 뭐 입지?"라는 고민을 하지만 모두가 그 고민에 대한 같은 선택지를 가지고 있지 않다고 느낀다. 특히 한국에서는 사이즈가 커질수록 선택지가 좁아진다. 그래서 사이즈나 몸에 상관없이 누구나 같은 선택지 안에서 옷을 고르는 패션쇼를 보여주고 싶었다. 아마추어의 작은 날갯짓이었지만 그 나름대로 큰 성공을 거두었다. 유명 언론사들, 특히 외신들까지 인터뷰 요청을 해왔고, 나의 바디 포지티브 운동과 패션쇼에 큰 관심을 가져주었다.

나는 내가 원하는 주인공의 영역에서 벗어났기에 스스로를 혐오했었다. 어떻게든 그 영역 안으로 발을 딛고 싶었다. 사회가 정한 기준을 맞춰가며 '나는 언제쯤 주인공이 될까? 나는 언제쯤 행복해질 수 있을까?' 하며 오매불망 기다리던 내가 있었다. 하지만 그 기다림은 헛된 것임을 깨닫고 스스로를 받아들인 순간 인생이 바뀌었다. 이미 나는 내 인생의 주인공이었다.

앞으로 주인공답게 당당히 살아가고 싶다. 그리고 또 하나, 시작은 치도라는 캐릭터 하나였지만 더 나아가 다양한 주인공을 등장시키고 싶다. 외모를 떠나 각자의 이야기로 생생하게 살아 숨 쉬는 사람들을 세상에 보여주고 싶다. 모두가 자신만을 위한 무대를 멋지게 완성할 때까지.

오늘 나의 몸

이현수

칼럼니스트, 번역가, 출판기획자.
영화잡지 《프리미어》, 《필름2.0》의 편집장을 지냈고,
단행본 만드는 일을 하다가 2011년 얼떨결에
뉴욕에 온 이후 계속 머무르고 있다.

엄마의 몸

몸에 대해서라면 좀 무식, 무지, 무관심한 쪽이다. '쪽이었다'라고 과거형으로 말하고 싶지만 지금도 어느 면에서는 그러하다.

초등학교 6학년 때 가슴이 나오기 시작했다. 누구는 꼭지만 달린 주제에 너무나 브래지어가 하고 싶어 공갈 브라를 하고 다녔다는데, 그런 심리 1도 이해 못 하는 나는 티셔츠 속으로 빤빤하게 떨어지는 가슴이 좋아 고무줄로 된 벨트를 가슴에 차고 다녔다. 무려 2년 동안이나. 엄마에게 들켰다가는 억지로 레이스 달린 브래지어를 채울 것 같아 밤에 몰래 지하실에서 벨트를 빨았다. 성장기를 스스로 압박한 아이는 덕분에 가슴골이 납작하고 양쪽 젖꼭지가 서로를 외면하는 기이한 가슴을 얻었다.

위쪽이 그러할진대 아래라고 다를 리 없다. 한때 여자들의 바이블이었던 〈섹스 앤 더 시티〉에서 자신의 질을 거울로 들여다보지 않은 자는 몸을 사랑하지 않는 것이라는 식의 에피소드가 있었는데, 당시 '어 그래?' 하고 거울을 찾다가 손에 잡히지 않아 관두고는 그 후로 몇십 년이 흘렀다. 얼마 전 컴컴한 방에 누워 〈오렌지 이즈 더 뉴 블랙〉을 보다가 클리토리스와 소변 구멍과 기타 등등의 위치에 대한 수감자들의 일장 강의를 들을 때도 '아 맞다' 하고는 방에 불 켜러 가기 싫어서 그대로 누워 있었다. 앞으로 또 이런 경우가 생기겠지만 그때마다 무슨 일인가가 내 질 관찰을 방해할 것이고, 게으르게 누워서 조지아 오키프의 꽃잎 그림이나 떠올릴 것이다.

이런 무관심은 몸에 따라붙는 얘기들에 대해서도 마

찬가지다. 특히 몸과 옷과 예의에 관한 것들. 붙는 바지를 입었다 해서 왜 티 팬티를 입어야 하는지, 흰옷에 왜 살색 속옷을 받쳐 입어야 하는지 그 이유를 잘 모른다. 더운데 굳이 속옷으로 몸을 꽉꽉 싸매야 하는 이유도 모른다. 하이웨이스트 바지를 입으면 배가 나오는 건 당연하고, 비치는 옷을 입으면 살이 보이는 건 당연하며, 브래지어를 하지 않으면 꼭지가 드러나는 건 당연하다고 생각한다. 몸매가 좋지 못하다 해서 몸을 가려야 하는 이유를, 나이가 들었다 해서 몸을 드러내지 말아야 하는 이유를 알지 못한다. 추우면 따뜻하게, 더우면 시원하게, 나에게 불편하지 않게, 내가 입고 싶으면 입고 싶은 대로. 그런데 누군가에게 이것은 '무지'나 '불편함'이고, 살면서 수없이 지적당해왔던 것이다. "야! 흰 바지 속에 까만 줄무늬 팬티가 웬 말이야!"라든지 "얘! 네 나이에 이런 옷은 좀 아니지 않니?"라든지. 물론 이런 '자기 눈에 꼴 보기 싫은' 지적 말고 스스로가 민망하게 여기는 부분이기에 염려하는 진심 어린 지적도 있다. 그것은 대부분 엄마에게서 나온다.

몸에 대해 뻔뻔한 나와 달리 엄마는 부끄러움, 수줍음이 많은 사람이다. 엄마의 수줍음이 어느 정도냐 하면, 뉴욕 월스트리트 쪽에 황소 동상이 있는데 만지면 돈이 들어온다는 전설의 소불알에도 손을 못 대는 사람이다. 딸이 소 밑으로 기어들어 가 양손으로 청동 불알을 움켜쥐고는 "캐시! 달러!" 외치며 사진을 찍는 것조차 똑바로 바라보지 못하는 그런 사람. 혹자는 이를 '여성스럽다'고 말하기도 할 것이다.

예전에 후배가 패션지에 '(여성스러움이라는 게 뭔지 모르겠지만) 속옷, 향수, 하이힐에 대한 관심이 여성스러움을 판가름하는 척도'라는 식의 칼럼을 쓴 적이 있는데, 정말 그렇다면 엄마는 여기에 딱 부합하는 사람이다. 연애에 관심을 갖게 되면서도 천 원짜리 '빤스'를 사서 늘어지도록 입는 나와 달리, 엄마 옷장엔 레이스 달린 고급 브래지어와 이에 맞춘 팬티가 즐비했다. 키가 땅바닥과 가까워도 운동화와 단화만 고집하는 나와 달리, 엄마는 관절염에 걸리기 전까지 단 한 번도 높은 구두를 포기하지 않았다. 입은 옷에 따라 햇볕에 그

을린 모양을 다양하게 몸에 그려내는 생활형 얼룩이인 나와 달리, 엄마는 긴 하와이 생활에도 불구하고 긴소매 긴바지 모자로 무장해 백옥 같은 피부를 유지했다. 아빠의 취미였던 미니어처 양주병 컬렉션 아래 칸에는 엄마가 모으던 각양각색의 향수병 미니어처가 즐비했다.

하지만 몸에 대한 엄마와 나의 태도는 단순히 수줍음과 뻔뻔함의 차이 정도로 단정 지을 수만은 없다. 더 복잡한 무엇인가가 늘 엄마와 내게 있었다.

예를 들면 이런 것. 오래전 스페인인가에서 온 뭔 속옷 브랜드가 한국에 론칭해 사무실 근처에 문을 열었다. 살 생각은 아니었지만 그냥 새 브랜드에 대한 호기심 때문에 매장에 들어가 이것저것 보고 있으려니, 오늘 이 손님을 잡고야 말겠다는 의지가 얼굴에 넘치는 매니저가 다가왔다. "본인의 브래지어 사이즈를 정확히 아시나요?" 어린 시절 벨트가 만들어준 트리플 A컵은 당연히 알지만 가슴둘레야 살집에 따라 이랬다저랬다 하는 거고 별로 생각해보지 않아서⋯⋯ 우물쭈물하고 있으려니 매니저가 내게 브라 몇 개를 입어보라고 건넸다. 호갱이 그렇게 탈의실로 들어가 브라를 입고 있는데 매니저가 문을 두드렸다. "제가 좀 들어가서 도와드릴까요?" 그러라 하자 매니저가 들어와 내 가슴을 살폈다. "실례가 안 된다면 제가 좀 봐도 될까요?" 그러고는 내 가슴둘레를 줄자로 재더니 브라가 어디 남는 곳은 없는지 끼는 곳은 없는지 양손으로 '손수' 확인하기 시작했다. 주물럭주물럭. (아마 지금 같았으면 이런 브랜드 정책은 철퇴를 맞았을 일이나 그때는 그런 쪽으로는 무지한 시절이었다.) "손에 잡히는 게 별로 없어서 사이즈 정확도가 떨어지겠어요" 하며 탈의실 벽을 뚫을 정도로 껄껄 웃는 내 앞에서 매니저가 도리어 당황해했다. "이게…… 저기…… 정확히 알아야 하기 때문에……." 매니저 무안하지 말라는 배려 차원에서 나는 가슴을 까고 두 번째 브라로 갈아입었다.

나의 엄마 같으면 상상도 할 수 없는 일이다. 10여 년 전 엄마와 일본 온천 여행을 간 적이 있다. 법석 떠는 것을 싫어하는 엄마의 일흔 번째 생일이 부를지 모를 소란에서 도망치기 위해서였다. 몸이 불편해 잘 걷지 못하고 예쁜 동네와 찻집 그리고 온천을 좋아하는 엄마에게 유후인은 최고의 선택지로 보였다. 그리고 또 하나, 남의 눈에 띄지 않게 목욕할 수 있는 곳. 유방암 수술로 한쪽 가슴을 들어낸 후 대중탕에 발을 끊은 엄마에게 개인탕이 가능한 료칸은 더할 나위 없어 보였다.

과연 예상대로 엄마는 좋아했다. 암 수술과 방사선 치료 후 첫 여행이었으니 더 그랬을 테고, 돌아다니기 적당하게 따뜻한 낮과 뜨거운 물에 들어가기 적절하게 서늘한 밤도 기분을 보태주었다. 호사스러우면서 부담스러운 가이세키 저녁을 마친 뒤 엄마와 호젓한 노천탕으로 향했다. 빨리 물에 들어가고 싶은 마음에 아무도 없는 탈의실에서 후다닥 허물을 벗고 엄마를 기다리는데, 엄마는 내게 등을 돌리고는 커다란 타월을 덮어 쓰고 꾸물꾸물 움직이고 있었다. 엄마? 한참 서 있다가 오한이 들어 엄마를 재촉하는데 엄마는 한 손으로는 흘러내리는 타월 잡느라 또 한 손으로는 타월 너머로 뭔가를 하느라 계속 분주했다. 그렇게 시간이 지나고 내게 돌아선 엄마의 가슴에는 이상한 연두색 천이 매달려 있었다. "내가 만들었어. 머리 좋지?" 까슬까슬한 샤워용 타월이 가슴둘레에 맞게 접히고 잘리고 박음질되어 엄마 가슴에 둘려 있었다. 수영복은 물에 젖으면 들러붙어서 벗기 힘들잖아, 타월은 젖으면 무거워지잖아…… 이런저런 시도를 거친 엄마의 자랑스러운 결과물에 "머리 잘 쓰셨네"라 대꾸하면서도 정작 내 머릿속은 복잡했다.

남도 아닌 딸에게 보이지 못할 몸이란 대체 무엇인가. 딸에 대한 걱정과 자신에 대한 자존심, 부끄러움, 고통이 뒤섞였을 저 연두색 타월 뒤의 몸. 그게 뭐 어때서, 라고 내가 아무리 생각해봤자 그건 내 가슴이 아니다. 그건 부끄러울 일도 뭣도 전혀 아니야, 라고 내가 아무리 얘기해봤자 그건 내 몸이 아니다. 나는 모르는 일인 것이다.

누군가 내게 유방암 수술을 받은 사람들 모임이 있는데 목욕탕을 통째로 빌려서 함께 간다더라는 이야기를 해주었다. 그런 문제도 아니다. 같은 가슴 모양새를 가졌다 해서 엄마가 그들과 함께 목욕을 가고 가슴을 드러낼 일은 더더욱 없다.

그 후로 나는 엄마의 가슴 쪽으로 한 번도 눈길을 주지 않았다. 어느 쪽이 수술한 가슴인지 잊을 정도로. 분명 한쪽을 패드로 채워 넣어 불균형한 모양새일 것이고 쉽게 알아챌 수 있을 것이나 내 눈이 그곳을 스치지 않았으므로 나는 잊었다. 그게 엄마가 원하는 것일 테니까.

그러고 또 몇 년이 흘렀다. "누나, 빨리 한국에 들어와야겠어." 동생에게 다급한 연락을 받고 서둘러 비행기를 탔고, 내리자마자 트렁크를 질질 끌고 병원으로 갔다. 병원에서 쪽잠을 자며 엄마의 잔소리를 기다렸다. 넌 얼굴이 그게 뭐니, 밥은 제대로 해 먹니, 아직도 술을 그렇게 마시니…… 평소 귀 따갑게 읊는 엄마의 잔소리는 당최 나올 줄을 몰랐다. 그렇게 며칠, 한밤중에 엄마가 입술을 달싹였다. 몸에서 냄새가 나. 씻고 싶다. 32킬로그램의 엄마를 욕실로 옮기고서 환자복을 벗겼다. 엄마의 가슴이 눈에 들어왔다. 왼쪽. 엄마의 머리를 감기고 까실까실한 목욕용 분홍 타월로 엄마를 문질렀다. 결국은 네 앞에서 가슴을 보였네, 엄마가 말했다. 뭘 그리 숨겼어 별것도 아니구만, 내가 낄낄댔다. 심각하고 어색한 순간에 실없이 웃는 것이 엄마에게는 나의 장점일까 단점일까 생각하며.

  걷는 게 힘들어 휠체어에 의지해야 하면서도 자신이 좋아하는 가게에 들어가거나 비행기에서 내려 세관신고를 하러 가거나 할 때 자신의 다리로 걸어가고 싶어 하는 엄마. 어우 나 같으면 편하게 앉아 가겠네! 하고 짜증 반 웃음 반 응수하며 엄마에게 지지대가 될 팔을 내밀며 아주 느리게 보조를 맞추는 것은 아마도 평생 적응되지 않을 것이다. 그리고 그 타월은 평생 잊을 수 없을 것이다. 이렇게 딸에게조차 보이고 싶지 않고 지켜야 하는 자존심 같은 것. 엄마에게 몸은 그런 것이다. 그리고 나는 이 글을 엄마에게 보일 수 없을 것 같다.

나의 몸

아침에 일어나 억지로 물을 한 컵 마시는 것 외엔 하루 종일 수분을 뺏는 일에 몰두하고, 새로 나온 인스턴트, 냉동식품에 대한 호기심을 억제하지 못하고, 탄수화물이 세상에서 제일 맛있고, 레스토랑에서 샐러드를 시키면 풀떼기에 돈 쓰는 것 같아 기분이 나빠지고, 가끔 며칠씩 아무 이유 없이 잠을 거르고, 오늘도 술을 마신다.

아침 공복에 마시는 물이 몸에 좋을 거라고 믿고, 라면에 달걀을 넣으면 영양식이라 믿고, 탄수화물이 내 머리에 일조했다고 믿고, 16달러짜리 샐러드 대신 같은 값의 파스타가 가치 있다고 믿고, 오늘 못 잤으면 내일 자면 된다고 믿고, 오늘의 술이 정신 건강에 도움이 된다고 믿는다.

기형 가슴이지만 포르노 배우 할 거 아니니 됐고, 고등학교 3학년 때 15킬로그램 넘게 쪄서 튼 살을 남겼더라도 다시 빠졌으니 됐고, 일찌감치 156센티미터에서 성장이 멈췄으나 모델할 거 아니니 됐고, 가끔 무릎이 아프지만 케토톱의 힘으로 2만 보까지 걸을 수 있으니 됐다. 나에게 몸은 이런 것이다. 기이할 정도로 무관심한 어떤 것. 무조건 지금 나의 생각을 믿어야 하는 것.

세상의 모든 딸이 '엄마처럼 살 거야' 부류와 '엄마처럼 살지 않을 거야' 부류로 나뉜다면, 나는 '엄마처럼 아프지는 않을 거야' 쪽일 것이다. 이건 '않을 거야!!!' 하며 느낌표를 몇 개씩 붙인 결심이라기보다 '않을 거야……'라는 막연한 믿음 같은 것이다. 물론 낙천적 성격이 내 골밀도를 채워주고 있어서도 아니고 선천적 둔탱이여서도 아니다. 내 몸에게 그런 태도를 가져야만 할 것 같기 때문이다.

초등학교 3학년 때부터 엄마가 아팠다. 왜 정확히 초등학교 3학년이냐 하면 어느 날 엄마가 나를 불러 앉히고는 "나는 3년 안에 쓰러질 거야"라고 했기 때문이다. 나중에 커서 들으니 그때 특별히 중병에 걸렸던 건 아니고 보약 지으러 한의원에 갔을 때 "이런 식으로 몸 관리 안 하면 3년 안에 풍이 올지도 몰라요"라고 한 한의사의 흔한 말을 적당히 편집하고 '그러니까 엄마 말 잘 들어라'를 밑에 깔아서 한 얘기였다. 다행히 3년 내 그런 불행은 일어나지 않았지만, 선천적으로 몸이 약하고 잔병치레가 많았던 데다 젊어서 관절염이 시작된 후로 유방암을 거쳐 여러 병을 겪은 탓에 그 후로 건강한 엄마를 보지 못했다.

보통 이쯤 되면 몸에 대한 관심이 신경쇠약 직전이어야 마땅하나, 비겁하게도 나는 반대를 택했다. 엄마의 예민함과 강박이 몸에 가장 큰 영향을 미쳤다고 믿으며, 오랫동안 가족 모두를 힘들게 했던 상황을 모른 척하며, 무관심을 가장해 몸에 대한 지나친 관심과 쓸 데없는 걱정을 쳐냈다. 그렇다 해서 정신이 단련되어 건강하고 행복하게 잘 살았다고 한다, 는 해피엔딩을 얻었을 리 없다. 오랜 직장 생활, 그것도 야근을 밥 먹듯 하는 잡지 마감 인생에서 '몸이 젖은 솜처럼 무겁다'가 정말로 어떤 건지 체감했고, 개인적으로 큰일을 겪으며 타인과 상황이 내 의지와 상관없이 나의 몸을 어디까지 망가뜨릴 수 있는지 절감했다.

딱 그런 상태였다, 내가 뉴욕에 왔을 때는. 어느 날 밤, 서울을 등지고 이전엔 한 번도 들어본 적 없는 브루클린의 그린포인트라는 동네에 도착했다. 딱히 뭘 해야겠다는 생각은 없었다. 몇 년의 뉴욕 생활을 정리하고 한국에 돌아오게 된 지인으로부터 '방 계약이 몇 달 남았는데 혹시 그동안 여기 와서 지내보면 어떻겠느냐'는 메일을 받고 유령처럼 짐을 꾸려 도망친 것뿐이다. 그렇게 뉴욕에 도착한 첫날, 가방만 던져놓고는 너덜너덜한 몸과 마음으로 집을 나와 브루클린의 첫 끼를 먹었다. 우동은 불어터졌고 동네는 낯설고 무서웠고 나는 한심했다.

지인이 내게 내준 몇 달 동안, 낮에는 책상 하나 덜렁 있는 마루에 벌러덩 누워 술을 마시고 노래를 하고 울다가 밤에는 쪽베란다로 옮겨 술을 마시고 노래를 하고 울었다. 맨 밑바닥까지 떨어지면 흔히들 이제 올라갈 일만 남았다고 위로하지만, 실상은 더 이상 잃을 게 없으면 막 살아버리자는 심정이 되는 모양이다. 세상 청승맞고 구질구질하게 몇 달을 보내던 중간중간, 배가 고파 기어 나가 속만 겨우 채울 밥집을 찾아다니거나 내게 집을 넘긴 친구가 친절하게 남겨준 그림지도 속 커피집을 순례했다. 그냥 되는대로 살았다. 잠이 안 온단 핑계로 술을 마시고 술에 취한 상태로 잠을 잤다. 노래하고 싶으면 언제 어디서든 노래했고 춤추고 싶으면 언제 어디서나 춤췄다.

그런데 신기하게도, 그렇게 대충 사는 것이 뜻밖에도 잘 사는 것이 되어가고 있었다. 나를 망치고 있는 줄 알았으나 나를 구해내고 있었는지도 모르겠다. 나를 옭아매고 있던 모든 것들로부터 나는 조금씩 자유로워졌다. 현관에 빈 술병이 즐비해가는 사이, 뉴욕에 잠시 머무는 것이 1년, 5년, 10년 사는 것이 되어가는 사이, 나는 정말로 나를 괴롭히던 것들에 무심해졌다. 남의 시선에 눈 감고 남의 험담에 귀 닫으니 어느 날부터인가 나는 술을 즐겁게 마시고 있었다. 이 즐거움은 새로 얻은 사람들 덕분이기도 했다. 내게서 비워진 사람들의 자리를 소중한 새 사람들이 채워주었고 그들은 어리석고 두서없고 미친 나조차 잘 받아들여주었다. 그리고 아이러니하게도 지금 나는 10년, 20년 전보다, 술을 별로 마시지 않았던 때보다, 늘 바르게 살았던 그때보다 몸도 마음도 건강해졌다. 그렇게 믿고 있다.

3년 전부터 열심히 여행을 다니고 있다. 어떻게 하면 하루를 허투루 보내지 않고 살 수 있을까 고민하며 지나치게 애썼던 지난 20년 동안 제대로 여유 있는 장거리 여행을 가본 적이 별로 없었다. 얻어걸린 유럽이나 미국 출장 뒤에 붙이는 며칠이 여행이라면 여행이랄까. 처음으로 한국을 떠나 자리한 브루클린 살이도 어쩌면 10년째 긴 여행인지도 모르지만, 본격적 여행은 지난 3년 전부터다.

노는 것도 어느 정도는 용기가 필요하므로 책을 쓴다는 (지키기 요원하지만 그래도 상관없는) 핑계를 갖다 붙이고 이탈리아 북부를 시작으로 포르투갈 리스본에서 포르투, 아이슬란드 링로드, 그리스 아테네, 터키 이스탄불, 캐나다 몬트리올과 퀘벡을 한 번씩, 스페인은 무려 세 번 반씩(한 번은 바르셀로나만) 다녀왔다. 그러는 동안 주변에서 '팔자 좋은 년'이란 부러움과 비아냥이 담긴 별명을 얻었고 여전히 팔자 좋게 하와이에서 이 글을 쓰고 있다.

여행의 핑계 말고 이유는 비교적 정확하다. 이제야 갈 수 있게 되었으므로, 그리고 자유롭게 갈 수 없을 날이 다가오고 있으므로. 어느 때부터인가 나와 위아래 다섯 살 안쪽 나이 범위에 있는 친구들과 모이면 새로 발견한 영양제와 최근에 받은 검사에 대한 것으로 서로의 안부를 묻는다. 어떤 주제로 시작하든 늘 귀결은 몸에 대한 이야기다. 이제 그런 나이인 것이다. 하루 종일 걸어도 그저 즐겁기만 한 여행과는 멀어진 나이.

생리 주기가 이상해지고 몇 달 하지 않기에 올 것이 왔구나 했더니 다시 하고, 그러길 수차례 반복하면서 나는 완경을 맞고 있다. 이미 또래 몇은 생리에서 벗어났거나 벗어나는 중이고 몇은 갱년기로 호되게 고생하고 있으니 나도 그날이 멀지 않았을 것이다. 가슴이나 자궁이나 갑상선에 혹 하나 달지 않고 사는 또래 없고, 수술해서 떼어낸 친구도 여럿이며, 누구는 멀리 떠나보내기도 했다. '내가 가슴을 들어내는 일이 생기면 너는 나와 같이 온천에 가서 내가 가슴 드러내는 것을 주저하지 않게 하라!'고 친구에게 호기롭게 말했지만 나 또한 가족력이라는 것에서 자유롭지 못하고 사실은 두려워하고 있다.

이제 우리에게 뛰는 것은 할 수 없는 일이 아니라 해서는 안 되는 일이 되었고, 오래 걷는 것도 무릎에 못할 짓이 되었다. 첫 번째 스페인에 동행한 친구는 하루 종일 밖에만 있기엔 힘이 달려 중간중간 호텔에 들어와야 했고 세 번째 스페인에 동행한 친구는 하루 한두 시간 걷는 것 외엔 차로 다니거나 카페 혹은 숙소에서 가만히 앉아 있을 시간이 필요했다. 내 오른쪽 무릎의 한계는 파스의 힘을 빌려 하루 2만 보까지니 이런 친구들보다 나은 편일지 모르지만, 다른 여행을 완수하는 데엔 나보다 한참 어린 여행 친구의 부추김과 도움이 필요했다.

내일보다는 오늘의 즐거움을 중요하게 생각하기로 한 후 인생의 먼 미래에 대한 계획이나 큰 목표는 개나 주고 좋은 사람들과의 만남과 여행과 음주를 오늘의 가장 큰 즐거움으로 결정했더니, 제일 필요한 건 이에 충실할 수 있는 몸이었다.

일단 동네에 장 보러 나갔다가 즉흥적으로 그 옆에 있는 헬스클럽에 등록했다. 1년 회원권이라는 게 처음 한 달과 새해 결심 직후 외엔 장식품이 된다고 친구들이 말렸으나, 어차피 열심히 살지 않기로 했으므로 클럽서 샤워라도 하면 제일 싫어하는 집 욕조 청소의 부담도 줄겠지 싶었다. 그 클럽을 찾는 대부분의 사람처럼 30분 이상의 러닝머신, 근력 운동, 아니면 요즘 제일 인기 있다는 사람 잡는 사이클 클래스를 듣는 대신,

아침에 슬렁슬렁 슬리퍼 끌고 가서 씻기 전에 요가를 하거나 기지개라도 켜기로 했다. 집을 나서는 순간이 바로 운동의 시작이라는 친구의 말을 맹신하고, 운동이 가져오는 결과에 연연하지 않고, 아이스커피를 마시며 집으로 돌아오는 길을 즐기기로 한 것이다. 그리고 이 생활을 1년 넘게 이어오고 있다.

그래서 이전보다 더 건강한 몸을 갖게 되었는지는 사실 잘 모르겠다. 그러면 좋지만 아니면 또 어떤가. 몸에 대한 이 대책 없고 막연한 믿음은, 아무것도 안 하는 것보다 뭐라도 하는 것이 앞으로 나의 여행 시간을, 음주 시간을, 좋아하는 사람들과의 시간을, 내가 원하는 이 모든 것들을 할 때의 즐거움을 좀 더 늘려주지 않을까 하는 것이다. 그러니까 내 몸은 즐거움을 유지하기 위한 것, 내 몸에 대한 노력과 마음가짐은 즐거움을 연장하기 위한 것이다. 나는 내 몸과 함께 즐겁게 살고 싶다.

내일의 몸에 대해 걱정하지 않기로 했지만 지금 굳

이 생각해보자면, 자신의 의지로 몸을 어찌할 수 없을 때 어떻게 해야 하는가이다. 오랫동안 그런 엄마를 봤으면서도 아직 답을 내진 못했다. 그런 날이 오면 자기 의지로 마지막 날을 결정하러 스위스로……? 친구들과 자주 하는 농담이지만 이에 대해 미리 답을 낼 필요도 없다. 오늘은 그저 오늘의 몸을 즐기면 된다. 오늘이 앞으로 다가올 날 중 가장 건강한 몸일 테니까.

몸, 솔직하게

몸이라는 각자의 집

•

강혜영

서울 해방촌에서 어덜트 라이프스타일숍 '피우다'를
운영한다. 건강한 성문화, 자기수용, 성평등 등의
가치관이 녹아든 제품을 엄선하여 제공한다.
맞춤형 제품의 전문적인 지식과 사용 노하우를
제공하는 점이 피우다만의 매력이자 강점이다.
다양한 캠페인과 워크숍을 통해 지속적으로
사람들과 만나고자 한다.

우리 집에 왜 왔니

"혜영이는 다 좋은데 코가 좀 아쉽다. 코만 오뚝하면 참 예쁠 텐데."

일곱 살 무렵이었나. 우리 집에 종종 놀러 오던 동네 아주머니는 어린 나를 볼 때마다 이렇게 말하곤 했다. 애들은 뼈가 무르니 자주 콧대를 잡아주라고 조언까지 얹었다. 세상 물정 모르던 어린 나이였지만 내 코가 그렇게 못생겼나 하는 고민에 빠지곤 했다.

자라면서 내 외모에 오지랖 넓게 간섭하는 사람이 점차 늘어났다. 친오빠는 내 이마가 너무 넓어 축구도 할 수 있겠다며 수시로 놀려댔고, 사춘기 때 체중이 불자 엄마는 여자애가 뚱뚱하면 못쓴다며 55사이즈 치마 정장을 내 방에 걸어뒀다. 그 옷을 입을 수 있을 때까지 살을 빼라는 뜻이었다.

버선코 같은 코에 적당한 크기의 이마, 병약해 보일 정도로 수척한 외모를 가지고 싶었다.

내 몸은 아무 말이 없었지만 주변인들의 입을 통해 말을 건네기 시작했다.

"너는 뚱뚱하고 못생겼어!"

자연스레 나의 신체가 어떤 구조와 기능을 가지고 있는가를 배우기도 전에 어떻게 하면 예쁘게 보일 수 있는가를 고민하게 되었다.

매일같이 코가 빨개질 만큼 콧대를 매만졌고 꼼꼼하게 앞머리를 길러 이마가 보이지 않게 잘 가리고 다녔다. 음식의 칼로리를 달달 외웠고 턱없이 적고 부실하게 먹고 결국엔 55사이즈 치마도 입어냈다. 하지만 거울 속에 비친 나는 여전히 예뻐 보이지 않았다.

2차 성징이 나타나면서 나의 자기혐오와 외모 강박은 점점 더 심해졌다. 발가벗은 채 거울 앞에 서면 막 부풀기 시작한 가슴과 촘촘하게 제멋대로 돋은 음모가 참으로 어색하고 마음에 들지 않았다.

'아! 못생겼다…….'

몸의 성장은 보이지 않는 곳에서도 일어나고 있었다. 꼭 '섹스'에 관심이 생겼다고 말할 수는 없겠지만 순간순간 성적인 것들과 마주했다. 우연히 야한 장면이 담긴 영화나 잡지를 볼 때면 바지 안쪽에서 무언가 움찔하는 것을 느꼈고 그 요상한 반응을 쫓아내려고 다리를 꼬면 보란 듯이 더 강하게 요동쳤다. 자전거를 타다 안장에 외음부가 부딪칠 때면 묘하게 긴장되는 느낌이 나쁘지 않았지만 내가 배운 바로는 분명 옳지 않은 반응이었다.

학교에서 남자아이들이 몽정과 발기에 관해 배울 때 여학생인 나는 생리와 임신에 관해 배웠다. 신체의 발달과 함께 자연스러운 수순이었으나 클리토리스가 가진 멋진 기능을 알지 못했던 10대의 나는 그저 혼란스럽기만 했다. 그렇게 제대로 된 이름 하나 없던 나의 아랫도리는 그 존재가 드러나지 않도록 조심 또 조심했다.

고등학교에 가서 동급생 여자아이가 남자와 잠자리를 가진 게 소문이 나 '걸레'라며 손가락질 받는 것을 보게 되었다. 학생이 잠자리를 가진 게 그렇게 나쁜 건지 의구심이 들었던 나는 저녁 식사 자리에서 엄마에게 조심스럽게 그 일에 관해 이야기했다. 엄마는 하라는 공부는 안 하고 연애나 하고 돌아다녀서 그 아이 부모님이 걱정이 많겠다며 혀를 차셨다.

"우리 혜영이는 착해서 엄마가 얼마나 고마운지 몰라. 예쁜 것."

다른 부모님들에 비해 이해심이 많다고 생각했던 우리 엄마에게도 착한 딸은 청소년 때 섹스를 하지 않는 딸이구나. 나는 마음속으로 엄마를 실망시키지 않으려면 연애를 하지 말아야겠다고, 아니 연애를 하더라도 엄마에게 절대 들키면 안 되겠다고 다짐했다.

얼마 지나지 않아 열일곱에, 심지어 동성 친구와 첫 연애를 시작했다. 옆 학교에 다니는 동갑 친구였는데 적극적인 성격의 K는 감정 표현에 과감했고 스킨십에도 거침이 없었다. 그 탓에 우리는 성스러운(?) 약속을 하나 해야만 했다.

"키스까지만 하자. 그 이상은 절대로 안 돼! 우리 엄마가 알면 나 죽어."

처음엔 키스였지만 장난스럽게 서로의 가슴을 만지기도 했고 시간이 갈수록 과감해졌다. 우리의 스킨십에는 전진은 있었지만 후진은 없었다. 겉으로는 안 된다고 말하면서도 속으로는 종종 섹스를 하는 상상을 하곤 했다.

아마도 처음에는 키스를 하겠지? 영화에서 보니까 귀나 가슴을 애무하는 것 같던데……. 그 뒤로는 어떻게 하지? 생각이 꼬리의 꼬리를 물다 어느 지점에서 불현듯 멈췄다.

'그럼 옷을 다 벗게 될 텐데.'

섹스를 한다는 것, 누군가 내 몸 깊이 파고드는 것을 허락하는 것보다 벗은 몸을 보여줘야 한다는 사실이 더 두려웠다. 17세의 나에게는 그랬다.

무질서한 음모와 왠지 비대칭해 보이는 나의 외음부를 보면 실망할 것만 같았다. 두려움은 학생이 섹스를 하면 안 된다는 엄마의 가르침을 따라야겠다는 결심을 더 강하게 만들었다.

나의 이런 자기혐오와 외모 강박은 아이러니하게도 '착한 딸' 프레임에서 벗어나지 않게 하는 방어벽 역할을 하고 있었다. 하지만 만나는 횟수가 늘어나고 스킨십이 깊어질수록 더 많은 것들이 궁금했고 언젠가부터 더 이상 '착한 딸'이 되고 싶지 않았다.

첫 경험은 생각했던 것과는 꽤 달랐다. 관계를 하는 내내 그날 입은 속옷, 접히는 뱃살, 언밸런스한 성기 모양이 떠올라 주눅이 들었지만 그래도 용기를 냈고 또 한 번 전진했다. 애무를 할 때 몸에서 느껴지는 다양한 촉감이 좋았지만 영화에서 본 것 같은 신음이 터져 나오는 그런 것은 아니었다.

집으로 돌아오는 길은 그야말로 감정의 롤러코스터였다. 처음 느껴보는 짜릿함과 곧 마주할 엄마의 얼굴이 머릿속에 뒤엉켜 도무지 정리가 되지 않았다. 뒤늦게 목 아래 생긴 붉은 반점을 발견하고는 행여나 누가 볼까 봐 가리고 다녔다. 이렇게 생애 첫 섹스는 온갖 '숨기고 싶은 것'으로 가득했다. 나에게 있어 섹슈얼리티와 그것을 마주하는 내 몸은 어쩐지 당당할 수 없는, 겉으로 표현되지 않아야 하는 무언가가 되어가고 있었다.

그리고 비슷한 경험이 축적되면서 성인이 되어서도 섹스는 왠지 부담스럽고 불편한 것으로 굳어져갔다.

즐거운 나의 몸

 스물한 살 봄, 가족이 모두 외출하고 혼자 집에 남은 어느 날이었다. 침대에 멍하게 누워 있다 처음으로 클리토리스를 만졌다. 그 시기에 나에게 일어난 일들이 정확하게 다 기억나지는 않지만 특별히 계획했거나 어떤 계기가 있었던 것도 아니었다. 내 아랫도리가 자전거 안장에 부딪히는 우연 따위도 아니었고 적극적이고 의도적으로 난생처음 내 손이 클리토리스를 자극한 것이다.

 어색했지만 느낌이 좋았고 몸이 조금씩 긴장되기 시

작했다. 어…… 뭐지…… 하는 순간 나도 모르게 신음이 터져 나왔다.

난 기억력이 좋지 않다. 기억해서 마음이 불편한 일들은 최대한 잊으려고 노력하는 편이다. 그럼에도 불구하고 15년도 더 된 그날의 일을 선명하게 기억한다. 그때의 기분, 등이 뜨거워지던 느낌, 방 안의 온도, 서른이 넘은 지금도 모든 것이 생생하다.

한 치의 망설임도 없이 머릿속에 네 글자가 떠올랐다.

'오르가슴.'

이게 오르가슴이구나……. 평소 사용할 일도 없었고, 쓰더라도 어딘지 모르게 어색했던 그 단어가 한 치의 망설임도 없이 떠올라 신기하고 당황스러웠다.

곧이어 '방금 뭘 한 거지' 하는 수치심과 죄책감이 밀려왔지만 약간의 해방감도 있었다. 수치심에 가려져 미처 보지 못했던 그것은 분명 어떤 해방감이었다.

방금 내가 느낀 오르가슴이 얼마나 황홀했는지를 되새겨보았다. 그 순간만큼은 내 유두 색, 튼 살, 외음부

모양 따위에서 자유로울 수 있었다. 오직 내 몸의 감각에 집중했고 그렇게 생에 처음으로 스스로 얻은 오르가슴을 경험하는 순간은 신음을 연기할 필요도 없었다.

타인이 개입되지 않은 섹스, 정확히 말해 타인의 시선을 걱정하지 않아도 되는 섹스에는 내 욕구를 솔직하게 표현할 수 있다는 자유로움이 있었다. 그저 몸의 감각만을 좇아 오롯이 나에게만 집중할 수 있는 그 시간이 좋았다. 나쁜 짓을 하고 있는 것 같아 시간이 지나도 죄책감이 완전히 사라지진 않았지만 자위를 통해 스스로에게 즐거움을 주는 일은 죄책감을 이겨내게 해주는 어떤 힘이 있는 것 같았다.

최근에 영화 〈님포매니악〉(2013)을 보았다. 주인공인 조가 유년 시절에 아무 죄책감 없이 욕실 바닥에 물을 뿌리고 친구와 함께 클리토리스를 비비며 자위하는 장면을 보고 적잖이 놀랐다.

조보다 훨씬 더 나이가 먹었을 때의 나는 실수로 외

음부를 어딘가에 부딪는 바람에 느꼈던 긴장마저도 수치스러운 것으로 여겼던 것이다. 한때 이런 죄책감이 내가 외모나 몸에 관해서도 유별나게 자기 속박적이기 때문이리라 생각했었다.

그러나 주변 친구들이나 내가 운영하고 있는 섹스토이숍 '피우다'를 방문하는 손님들을 통해 생각보다 많은 사람들이 비슷한 고민을 안고 있다는 것을 알 수 있었다. 특히 많은 여성들이 어릴 적 혹은 성인이 되고 난 이후에도 섹스에 대한 호기심과 갈망을 불순한 것으로 간주했다.

개인 차이는 있겠지만 '섹스는 드러내지 않는 것'이라는 공식을 교육받은 축적된 시간 탓이 아닐까 생각한다.

피우다를 오픈하고 얼마 되지 않았을 때의 일이다. 20대 중반쯤 되어 보이는 앳된 얼굴의 여자 손님이었는데, 쭈뼛쭈뼛 엉거주춤한 자세로 가게 안으로 들어왔다. 우연히 지나가는 길에 매장을 발견한 그는 진열

된 바이브레이터를 하나하나 조심스레 살펴보다 말문을 열었다.

"저…… 사장님. 이런 물건을 실제로 쓰는 여자들이 많이 있나요?"

"그럼요! 저도 쓰는걸요."

"제 주위에선 한 명도 못 봤거든요. 써보고 싶긴 한데…… 이걸 쓰면 제가 너무 밝히는 여자 같기도 하고 왠지 좀 그래서요……. 근데 이건 어떻게 쓰는 거예요?"

손가락 하나 크기만 한 작은 바이브레이터를 만지작거리며 말했다. 한참을 머뭇거리던 그는 결국엔 값을 치르고 물건을 사 갔다.

기억 속에서 그 일이 잊혀갈 때쯤 그에게서 메일이 왔다. 내용인즉슨 바이브레이터를 사용하면서 오르가슴을 느끼는 순간은 기분이 좋지만 사용 후에는 매번 엄청난 죄책감에 시달린다는 거였다. 자신이 잘못된 행위를 한 것 같은 생각을 떨쳐버릴 수가 없어 괴롭다고 했다.

나는 이후에도 비슷한 고민을 하는 여성들을 많이 만났는데 그 고민에는 인종이나 나이, 일정한 규칙도 없었다. 다양한 환경에 있는 많은 여성들이 성욕과 섹스, 자위에 대한 죄의식을 갖고 살아가고 있었다.

몸이라는 각자의 집에서

언젠가부터 어딘지 모르게 창피했던 내 몸도, 오랜 시간 업신여겨온 내 섹슈얼리티도 모두 되찾고 싶었다. 나는 자위에 관한 내 경험을 친구들에게 이야기하기 시작했다. 처음에는 민망해하던 친구들도 하나둘 비슷한 이야기를 털어놓기 시작했다. 우리는 서로의 비밀이었고 서로의 '지식IN'이었다. '아무한테도 말하지 마, 나 사실……' 하면서 수많은 이야기를 나누었고 지금 돌아보면 잘못된 정보도 참 많이 공유했었다.

어두운 길을 혼자서 헤매고 있다고 생각했는데 조그

만 불을 비춰보니 골목골목에 나처럼 길 잃은 사람들이 서 있었다. 혼자가 아니라고 느끼니 어둠 속에서도 썩 외롭지 않았다. 이런 경험들은 이후 내가 섹스토이숍을 운영하게 된 큰 밑거름이 되었다.

섹슈얼리티에 관해 공부하면서 우리의 몸이 얼마나 다양한지를 다시금 생각해보았다. 미시적으로 몸을 바라보던 시각이 거시적으로 바뀌었고 신체의 의미와 기능 하나하나를 돌아보기 시작했다. 성적 즐거움은 사람에 따라 다양하게 표현되고 있었고 오르가슴을 느끼는 방식 또한 각기 달랐다. 섹스토이에 관해 알아가는 것도 즐거웠지만 그에 따른 몸의 반응은 정말이지 다채로웠다.

각기 다른 우리의 몸을 인정하고 소통의 공간을 만들어보자는 바람으로 시작한 게 지금의 '피우다'다. 실제로 매장을 방문하는 많은 사람들이 가족이나 친구, 배우자와도 하지 않는 고민을 털어놓았다.

한번은 여자 손님 두 분에게 한창 유행하던 흡입식

바이브레이터에 관해 설명하고 있을 때였다.

"그럼 이 제품은 빨아들이는 거예요? 오럴 같은 건가?"

함께 온 일행이 말했다.

"나는 오럴은 별로야."

"별로야? 난 좋던데."

의아해하며 친구가 말했다. 물론 많은 여성들이 오럴섹스를 통해 즐거운 경험을 하지만 개인차도 있을 수 있으므로 어떤 부분이 싫은 것인지 조금 더 자세히 물어보았다. 그는 의외의 이유를 털어놓았다. 대화를 하다 보니 오럴섹스의 느낌 자체가 싫은 것이 아니라 남자친구가 자신의 성기를 너무 가까이서 보게 되는 상황이 불편하다는 거였다. 자신의 외음부가 흉하게 느껴지기도 하고 또 여성은 주로 오럴을 해주는 쪽인 거 같기도 해서 괜히 꺼려진다고 했다.

"딱히 느낌이 싫어서는 아닌데 그런 것들이 신경 쓰여서 괜히 피하게 돼요. 사실 그런 것만 아니면 받고 싶을 때도 있는 거 같기도 하고……."

우리는 코도, 입도, 성격도, 피부색도 하다못해 점의 위치 하나도 다 다르게 생겼다. 마찬가지로 우리의 성기도 각기 다른 얼굴을 하고 있다. 어쩌다 우리의 아랫도리는 이름도 다양성도 잃어버린 것일까.

성인 여성의 생식기는 종종 핑크빛으로 표현되며, TV 화면 속 사람들에게서 겨드랑이 털 따위는 찾아볼 수 없다. 영화 속의 정사는 남자가 앞뒤로 몸을 몇 번 움직이면 여성은 강력한 흥분을 느끼곤 하며, 청소년의 성욕에 관한 이야기를 다룰 때는 대부분 남학생이 등장한다. 이런 비현실적인 현실이 오늘의 내 모습을 있는 그대로 받아들이는 데 걸림돌이 되는 것은 아닐까.

'은밀한 부위도 아름답게'
'여성미 UP'
'자신감 회복'

이런 외음부 성형 광고 문구는 이상적인 생식기 모

양을 운운하며 있는 그대로의 우리 몸을 부정하게 한다. 건강을 최우선으로 생각해야 하는 병원에서 외음부 축소술과 화이트닝을 외치며 우리의 정신 건강을 해치고 있는 것은 아닐까?

자위를 할 때마다 느껴지는 죄의식 때문에 힘들어하는 20대 여성, 생식기가 예쁘지 않다고 생각해 오럴 섹스를 꺼려하는 손님, 누군가는 1970~80년대 이야기를 한다고 생각할지도 모르겠다. 하지만 이 이야기는 2020년을 살고 있는 지금 우리의 모습이고 우리 몸의 이야기다.

어느 이른 저녁 시간이었다. 날씨가 선선해서 피우다 앞 테라스에 앉아 있는데 50대 정도로 보이는 여성 한 분이 매장 앞을 서성이고 있었다. 야윈 체격에 부드러운 인상의 그는 나와 눈이 마주치자 멋쩍게 웃었다.

"들어가서 구경해보셔도 괜찮아요! 여자들도 많이 와요."

손님들이 매장 앞에서 망설이는 이유를 어느 정도

알았기에 먼저 인사를 건넸다.

"그럼 좀……."

가게에 들어선 그는 제품들을 둘러보더니,

"제품 설명 좀 해주실래요? 이 부분이 클리토리스 자극용이고 이쪽은 삽입이 되는 건가요?"

삽입과 클리토리스 자극이 한 번에 되는 듀얼형 제품을 가리키며 물었다. 피우다를 방문하는 중년 여성 중 클리토리스의 존재를 모르는 분들이 많아서였을까 나는 속으로 내심 놀랐다.

"실은 제가 남편과 사별해서 관계를 안 한 지가 좀 오래됐어요."

그는 조금 망설이며 이야기를 꺼냈다. 몇 해 전 유방암으로 유방절제수술을 받았다고 했다. 수술 이후 여성성을 잃은 것만 같아 남편에게 더 이상 벗은 몸을 보여주지 못했다는 것이다. 그런데 자신보다 더 오래 살 것 같았던 남편이 먼저 세상을 떠났고 남편의 마지막 날까지 둘 사이에 성관계는 없었다고 했다.

이야기를 듣는 내내 속으로는 메는 가슴을 달랬다.

"여성성을 잃은 것이 아니라 암을 이겨내신 건데……."

나는 지금 손끝이 살짝 찢어져서 꿰맨 것을 말하는 게 아니다. 자칫 생명을 잃을 수도 있었다. 몸의 일부를 떼어냈고 또 암을 이겨냈다. 그리고 살아남았다. 그럼에도 불구하고 여성성을 잃었다는 상실감에 큰 병을 이겨낸 자신의 그 강인함을 미처 보지 못한 것이 참 슬프게 다가왔다.

우리 세상에서 여성의 가슴은 어디쯤 와 있는 걸까? 어느 소셜미디어에서는 여성의 유두 이미지를 음란물로 간주해 규제하고 있다. 어쩌다 여성의 가슴이 이렇게까지 성적인 의미를 갖게 되었을까? 여성의 가슴은 단순히 보이기 위해 존재하는 것이 아니라 '수유'라는 기능을 가지고 있다. 반면에 남성의 가슴은 보이는 부분 외에는 어떤 기능도 없지 않은가! 그런데 왜……. 가슴에 관해 수많은 의문이 들었다.

1974년 미국의 영부인 베티 포드가 유방암 수술을

받은 일이 있었다. 우연히 친구를 따라 병원을 찾았다가 친구의 권유로 검사를 받았는데 뜻밖에 유방암 진단을 받고 이틀 후 암 제거 수술을 받은 것이다.

암덩어리는 물론 가슴과 일부 근육, 림프까지 제거하는 대수술을 받았지만 당시 미국 언론은 이 사실을 보도하는 것을 꺼렸다. '유방'이라는 단어 자체를 쉬쉬하던 1970년대 미국 언론은 종종 유방암 사망 소식을 보도할 때 '여성 질환에 의한 사망'으로 내보내곤 했다. 언론은 '영부인의 유방'을 기사에 담는 것을 꺼려했지만 베티 포드는 자신의 병을 숨기지 않기로 결심했고 기자들을 병원으로 초대했다.

포드의 이런 스토리는 유방암이라는 병 자체를 알리는 데 큰 역할을 했다. 실제로 이후 미국 여성의 유방암 검사 빈도수는 급격히 높아졌고 난소암, 자궁경부암 등 다른 여성암에 관한 연구도 증가하는 결과를 낳았다. 한 사람의 용기가 가져온 변화였다.

잠잠하던 호수에 조약돌을 하나 던지면 물결이 소리 없이 천천히 넓게 퍼져나간다. 그러나 아무도 말하지 않으면 아무에게도 일어나지 않은 일이 되어버리기도 한다. 존재성을 부정하지 않는 것, 그 존재를 있는 그대로 받아들이는 것은 작은 조약돌과 같다고 생각한다. 앞으로도 예쁜 생식기를 표방하는 광고는 쉽게 사라지지 않을 것이며 여성의 가슴은 계속해서 여성성의 상징으로 여겨질지도 모른다. 하지만 작은 조약돌이 계속 던져지면 언젠가 새로운 물결을 일으킬 것이라 믿고 싶다.

사실을 고백하자면, 나는 내 몸을 긍정적으로 바라보는 일이 아직도 어렵다. 매일매일이 그러기 위한 노력의 연속이다.

가끔 그런 생각을 한다. 어린 시절 그 이웃집 아주머니가 내 까만 피부색이나 납작한 콧대보다는 나의 몸으로 얼마나 많은 세상을 경험할 수 있는지 말해줬더라면, 성적 호기심으로 혼란을 겪던 어린 나에게 누군가가 '남이 너의 몸을 함부로 하거나 허락 없이 만져서는 안 돼. 하지만 네가 네 몸을 만지는 것은 괜찮아. 자연스러운 거야'라고 알려줬더라면, '학생이 성관계를 가지는 것이 꼭 나쁜 것만은 아니야. 하지만 네가 준비되었을 때 안전하게 하는 것이 중요해. 이 책을 한번 읽어봐'라고 해줬더라면. 그런 아쉬움이 남는다.

있는 그대로의 내 존재를 사랑해도 괜찮다고 깨닫기까지 먼 길을 돌아온 기분이 든다. 하지만 멀리 돌아오는 그 길에 내가 경험한 것들이 지금의 나를 만들었으니 꼭 나쁘지만은 않았다고 위로해본다.

우리의 몸은 마치 집과 같다. 집은 우리에게 편안한 안식처고 보금자리다. 위협이 되는 사람을 내 집에 함부로 들이지 않으며, 손님에게 보이기 위한 인테리어보다는 내가 생활하기 편한 방법으로 정돈하는 것이 실용적이다.

혹시 도둑이 들어 내 물건을 도둑맞는 일이 생길지라도 그 도둑이 내 집까지 훔쳐갈 수는 없다.

또한 집은 바깥세상의 시선으로부터 자유로워야 할 곳이기도 하다.

그리고 우리는 누군가의 집을 허락 없이 찾아가거나 어지럽히거나 함부로 하지 말아야 한다. 내 집이 아닌 남의 집에서의 나는 '손님'이므로 매너를 지켜야 한다.

편안한 집의 의미는 다 다르며 무엇보다 집이 편안해야 몸도 마음도 편안하다. 좀 더 편안한 집에서 안락함을 느낄 수 있는 우리가 많아지길 희망해본다.

편견 없는 몸의 그림

· 황도

타투이스트.
불어불문학과를 졸업한 후 그림이 그리고 싶어
방황하다가 어쩌다 보니 홍대에서 타투숍을
운영하고 있다. 여성 그리고 페미니즘,
바디 포지티브에 대해 고민하고 있다.

타투, 몸에 새긴 이야기

타투(문신)는 몸에 새기는 작업이다. 타투이스트, 문신사는 바늘로 살갗 밑에 잉크를 집어넣어 글자나 그림들을 그린다. 피부가 아물 때까지 연고를 바르며 관리하는 것은 타투를 받은 사람의 몫이다. 그렇게 타투는 두 사람의 협업으로 완성된다.

"너 이거 안 지워지는 거잖아, 왜 했어?"
"그냥 했어. 예뻐서."

황도

스물넷 무렵 한 달간의 배낭여행을 끝내고 왔을 때 잠시 같이 살던 룸메이트의 목덜미에 작은 눈꽃 세 송이가 내려앉아 있었다. 문신을 실제로 본 건 처음이라 나도 모르게 뱉었던 말에 '그냥' 했다는 대답은 꽤 충격이었다.

 내겐 많은 마음의 벽들이 있었다. 친구들과 종종 '경상도 장녀'라며 우스갯소리처럼 말하는 프로필이 있다. 보수적인 경상도 집안의 장녀로 태어나, 시집을 가서 아들딸 낳아 기르며 때마다 제사상을 차리고 조신하면서도 애교 있는 현모양처로 살길 바라는 부모님의 뜻을 거스르고 타지에서 살아가고 있는, 내재된 경상도의 보수적인 가치관들과 싸우며 달라져가는 우리에게 스스로 붙인 별명이었다. 고향을 떠나와서 경험하는 새로운 세상 덕분에 20년가량 보수적으로 주입되었던 가치관이 옳은 것인지 의심을 해야 하는 날들이 매일 계속되었다. '말대꾸 하지 마라', '어른 눈 바짝 쳐다보지 마라' 하는 말들과, '여자가 큰 소리로 웃지 마라',

'여자가 어떻게 그러니' 하는 말들을 듣고 살아온 내 앞에, 짧게 자른 머리 아래에 피어난 작은 눈꽃 세 송이는 어쩐지 '자유' 같았다.

'문신, 그렇게 무서운 것만은 아니었구나. 그냥 하는 사람도 있구나.'

스물일곱, 취미로 헤나(염료를 사용해 피부에 물을 들이는 장식)를 하던 나에게 누군가 타투를 해보면 어떻겠냐는 말을 했다. 그때서야 처음 제대로 타투를 검색해봤다. 수많은 블로그들 중 우연히 발견한 한 블로그의 글과 그림에 마음을 빼앗겼다. 후에 내게 타투를 가르쳐준 노야 선생님의 블로그였다. 타투를 받은 사람들의 이야기가 쓰여 있었고, 보정하지 않은 적나라한 몸과 그 몸 위에 올라간 화려한 잉어, 연꽃부터 작은 꽃이나 레터링 등 다양하고도 많은 사진들을 볼 수 있었다. 그 전까지 영화에 나오는 조직폭력배나 언론에 보도되는 범죄자들의 몸에서나 보던 문신이 그림 작업으로 내 눈앞에 처음 다가온 순간이었다.

전공과 전혀 관계없는 그림 일을 해도 될까 두려움이 컸지만, 그보다 더 큰 걸림돌은 여자가 그래도 돼? 같은 말이었다. 여자 몸에 문신이 있다는 게 어때서. 그렇지만 정말 괜찮을까? 하는 고민을 반복했다.

결국, 대학교 조교 일을 그만두고 받은 퇴직금으로 나는 타투의 길을 선택했다. 타투를 배우고 싶다며 찾아간 노야 선생님의 작업실에서 들은 말은 하고 싶다면 겁먹지 말고 해봐라, 였다. 그때 난 타투가 내 인생의 또 다른 계기가 되어주길 바라는 마음이 간절했다.

선생님의 작업실에서 만난 사람들은 참 다양했다. 인디밴드를 하는 사람들도 있었고, 폴댄스를 추는 사람, 심지어는 퇴마사라는 사람도 있었다. 평범한 직장인들부터 아이의 태몽을 몸에 담으러 온 엄마, 이제 막 이별을 한 사람까지, 문신을 둘러싸고 정말 다양한 사람들이 있었다. 선생님은 대화를 하며 사람들의 이야기를 진지하게 듣고 그림을 그렸는데, 꼭 맞춘 듯 몸에 들어서 완성되어가는 그림들이 신기하기만 했다. 다들 눈은 빛나고 있었고, 각자의 몸에 대한 부정적인 이야기보단 여기에 이게 들어가면 더 예쁘지 않을까요? 같은 말들이 오가는 게 흥미로웠다.

그때만 해도 나는 내 몸에 참 자신이 없었다. 통통했던 10대엔 늘 살 빼란 말을 들었고, 잠시 거식증이 와서 살이 빠졌던 20대 초반에 처음으로 들어본 말, 예쁘다는 칭찬은 마약처럼 중독적이었다. 당시는 친구들의 도움으로 어느 정도 거식증을 벗어나 건강한 몸으로 돌아가던 중이었는데, 다시 살이 오르기 시작한 참이어서 어쩐지 외모에 더 자신감이 없었다.

넌 너라서 괜찮아, 황도 씨 참 매력 있어요, 이런 말들을 듣기 시작한 건 선생님의 작업실에서였다. 몸에 대한 단점보단 장점을 이야기하고, 그저 몸에 들어가는 그림에 대해서만 이야기하는 곳이었다. 혹 자신 없고 맘에 안 드는 곳이 있으면 좋아하는 것을 그려 넣어 스스로 좋아하게끔 만들면 되었다. 참으로 딴 세상 같은 곳이었다.

그럼에도 사람의 몸에 지워지지 않는 그림을 그린다는 건 너무 두려운 일이었다. 3년 정도 도망치다 돌아오고, 도망치다 돌아오기를 반복하는 과정 끝에 선생님의 몸에 바늘을 대는 것으로 졸업을 하게 되었다. 지인에게도, 모르는 사람에게도 자신이 없는 채로 타투를 할 순 없기에 선생님이 선뜻 팔을 내어주었다. 처음 바늘을 대던 날을 아직도 생생히 기억한다. 밤새 고무판에 연습했지만, 바늘 끝이 너무 떨렸다. 긴장하지 말라고 농담을 섞는 선생님의 말은 귀에 들어오지도 않았던 것 같다. 작업실의 테이블에서 찬찬히 바늘 깊이나, 각도에 대해 이야기해가며 어렵게 첫 그림을 완성했다.

그렇게 5년이 지났고, 나는 아직도 바늘을 쥐고 사람의 몸을 마주할 때마다 설레는 타투이스트다.

사람들에게 저마다 다른 이야기가 있듯, 타투도 각기 다른 이야기들을 가지고 있다. 사람 사는 이야기와 별반 다를 게 없다. 77억의 사람들이 모두 다른 삶을 살아가며 비슷한 이야기는 있어도 꼭 같은 이야기는 없듯이 저마다 타투를 하게 된 계기도, 몸에 넣고 싶어 하는 그림들도 다르다. 그래서 타투이스트들이 선택하는 그림 스타일들도 점점 다양해지고 있다. 이젠 장르를 논하는 게 무색할 정도로 개성이 넘치는 포트폴리오들을 볼 수 있다.

타투는 특이한 사람들만 하는 것도 아니고, 몸이 예뻐야만 하는 것도 아니다. 그저 본인의 선택인 수많은 일들 중 하나일 뿐이다. 안경을 끼고 긴바지를 입고 다니면 아무도 내게 타투가 있는 줄 모른다. 타투를 한다고 밝히면 놀라며 왜 타투이스트인데 타투가 없냐고 되묻기도 한다. 내 몸 어디에 타투가 있는지도 모르면서. 그럴 때마다 타투가 있고 없고는 나를 판단하는 데에 중요한 요인이 되지 않음을 느낀다.

허벅지를 가득 채운 타투를 내놓으면 사람들은 그제야 와― 하면서 호기심 어린 눈을 빛낸다. 그러면 나는 내게 힘을 주길 바라며 새겼던 호랑이와 가장 좋아하는 과일인 복숭아(황도라는 이름도 복숭아에서 왔다), 좀 더 날아오르길 바라며 새겼던 주작, 손목에 새긴 '새벽, 네 시'라는 레터링에 관한 이야기를 사람들에게 풀어낸다.

서울 생활은 참 힘들었다. 그나마 예술과 가깝다고 생각해, 서울로 가기 위해 선택했던 전공은 나와 맞지 않았다. 방과 주방이 구분되지 않은 작은 원룸에서 고삐 풀린 망아지처럼 술을 마셨고, 연애는 엉망으로 끝났고, 매일 나가는 아르바이트에 지쳐 있었다. 어느 순간 불면증이 왔다. 그 와중에 응원해주는 친구들이 있었다는 건 정말 다행이었다. 새벽녘, 일이 끝난 후 늦은 귀가에도 같이 산책을 하거나 술잔을 기울여주는 친구들이 있었다. 그럴 때쯤 항상 시계를 보면 새벽 네 시 무렵이었다. 동이 틀 때쯤 간신히 쪽잠을 자고 다시 하루를 시작하곤 했다. 그래서 '새벽, 네 시'란 단어는 내게 참 각별하다.

타투를 배우고 처음 맞은 생일날, 노야 선생님은 내게 타투를 해주겠다고 했다. 그때도 겁이 많았던지라 아주 작은 것, 간단한 것으로 할게요, 하며 명조체 15포인트로 '새벽, 네 시'를 새겼다. 고작 네 글자라 금세 끝났지만 내내 생각했다. 나는 이 '새벽, 네 시'를 잊을 수 있을까, 정말 힘든 기억으로 남을까.

그렇게 내 몸 이곳저곳은 삶을 기록하는 저장소가 되었다.

타투로 달라지는 것,
달라지지 않는 것

두려움을 넘어서

나의 일은 대화로 시작된다. 의뢰가 오면, 사람들의 이야기를 듣고 어디에다 어떤 크기로 어떤 그림을 그려 넣을지 이야기를 풀어나가야 한다. 가볍고 간단한 상담부터, 내게 꼭 타투를 받고 싶었다며 긴긴 사연을 적어 의뢰하는 사람들의 이야기, 꿈결에 지나친 이야기, 앞으로 나아가고 싶은 길들까지. 그리고 거기에 필요한 용기를 말하는 사람들과 자신의 몸에 이런 행동을 해도 되는지 고민하는 사람들의 이야기를 듣고 그림을 그린다. 몸에 대한 고민과 이야기를 듣고 또 듣는다.

도안을 제시하는 경우도 있지만, 나는 어디에 어떤 걸, 어느 정도 크기로 그려 넣을지에 대한 선택을 되도록 타투 받는 사람이 하게 한다. 그것만큼은 스스로 선택하는 과정을 거치길 바라는 마음이다. 내가 처음에 그 '선택'이라는 걸 어려워했던 만큼, 받는 사람 스스로 자기 몸에 들어가는 타투에 대한 주체성을 갖게 하고 싶다.

생각보다 상담에서 제일 어려운 문제는 사람들이 토로하는 몸매에 관한 부분이다. 인스타그램에 올라오는 사진들처럼 예쁘고 멋진 몸이 아니라서 걱정하는 사람들에게, 타투는 그저 몸에 새기는 이야기일 뿐이니 너무 염려 말라는 말을 하면서도 오래전 주눅 들어 있던 내가 생각나 어떤 말을 해야 할지 고민이 많아지는 순간들을 지나친다.

타투가 생기고 나서 몸에 더 관대해졌다는 손님들의 말을 들으면 잔뜩 긴장했던 마음도 조금은 풀어진다. 그동안 너무 겁을 먹고 살았던 건 아닐까요, 하는 짧은 메시지를 받았을 때, 타인의 눈이 신경 쓰여 짧은 치마 입는 것도 겁을 냈던 때를 떠올렸다. 용기 내서 타투를 해서 그런지, 이제 하고 싶은 건 다 해보려고 해요, 라는 말을 들었을 때 일렁이던 마음도 잊지 못한다.

 내가 그린 그림은 종이가 아닌, 몸 위에 올라가서야 온전히 한 사람의 것이 된다. 목욕탕에 가서 만나는 수많은 사람들의 다양하고 자연스러운 몸처럼, 그저 피부에 올라가 그 사람의 일부가 되는 타투라는 것은 얼마나 매력적인가. 그래서 타투를 한 번도 안 한 사람은 있어도, 타투를 한 번만 한 사람은 없다는 농담을 하곤 한다.

 타투는 우리가 살며 하는 수많은 선택들 가운데 몇 안 되는, 오로지 나만의 것이다. 벽은 너무나도 높게 느껴진다. 어느 정도의 고통이 수반되는지, 이 타투가 정말 상상하는 모양대로 내 몸에 남을 것인지, 늙으면 어떻게 될지, 경험해보지 않으면 알 수 없는 일이다.

그런 과정 끝에 내 몸에 남는 것은 나이테와 같은 기억의 흔적이다. 시간이 지나면서 잉크는 내 몸과 함께 늙는다. 햇볕과 시간에 의해 톤이 변하기도 한다. 작업을 받고 아무는 과정에서 조금 많이 떨어져 나갔지만 그냥 그대로 둔 경우도 있다. 내 몸 몇 군데에 같이 늙어가는 친구를 두는 것이다. 타투가 남긴 기억들이 문득 생각나 커피를 마시다 웃기도 하고, 술을 마시다 울기도 한다. 짧은 바지를 입어도 무릎 언저리에 보이는 타투 덕에 허벅지가 전보다는 덜 부끄럽다. 발목에 있는 작은 복숭아는 이게 문신 맞느냐고 가끔 가는 목욕탕 세신사 할머니가 매번 묻는다.

완벽하지 않아도 괜찮다. 내 몸에 미운 곳이 있다면 좋아하는 것을 넣어보자. 그곳에 시선이 머물 때마다 좋아하는 것들이 보인다면 기분이 좋아질 테니까.

어쩌면 후회하는 타투가 생길 수도 있다. 그것도 그 시절을 지나치면 그땐 그랬지 하는 추억이 되기도 하고, 후회가 되면 다른 그림으로 덮어도 되니 괜찮다.

그렇게 허벅지에 쌓인 기억들이 시간과 함께 무뎌지고 뭐든 괜찮다 싶은 날들이 다가왔을 때, 그제야 나를 조금 더 사랑할 수 있을 것 같다고 말할 수 있었다.

시선, 여성, 타투

처음엔 작은 도안을 연습할 겸 허벅지 가장 위쪽에 새겨 넣었고, 그다음은 보이는 곳에 좀 더 크게 하고 싶었다. 늘 타인의 눈을 신경 써서인지 내어놓기 부끄럽기만 했던 내 몸들 곳곳이 그저 도화지로 변하기 시작했다. 재미있는 건 내가 나를 덜 신경 쓰게 되는 만큼, 타인에게 덜 신경 쓰게 되기도 했다는 것이다. 타인을 볼 때 아무런 판단 기준 없이 그저 한 명의 타인으로 보는 사람이 한국에 몇이나 될까. 머리끝부터 발끝까지 스캔하며 평가를 하는 게 당연시되는 곳에서. 타투를 한 이후로는 그 사람의 몸에 있는 타투만 보이고, 이따금 그 이야기가 궁금해지는 때를 지나, 이제는 그냥 하나의 낯선 이로 보일 뿐이다.

 타투가 있다는 이유만으로 타인이 무섭게 보일 수도 있지만, 그게 그 사람의 전부가 아니라는 것을 타투는 내게 알려주었다. 그의 이야기는 무엇일까 혹은 그의 취향은 저런 것이구나, 은연중에 궁금해지고 알고 싶어지지만, 그리 쉽게 묻지는 못한다. 그러면서 타인의 외양이나 취향에 대해서 조금 더 무디게 반응하는 것에 익숙해져간다.

 타투를 갖고 있는 사람들은 타투가 없는 사람들보다 현저하게 적다. 아무리 타투가 흔해졌다 한들, 주류는 아님을 늘 실감한다. 홍대 앞에서야 흔하지만, 당장 반바지를 입고 홍대 밖을 향하는 지하철이나 버스를 타면 나의 몸을 향해 따가운 시선이 꽂힌다. 수영장을 갔다가 모르는 할머니에게 꾸지람을 들은 적도, 무례한 수영 강사에게 이거 진짜 타투냐며 손목을 붙잡힌 적도 있다. 여자가 몸에 문신을 했다며 '천하다'는 뒷담화도 가끔 건너 듣는다. 내 삶과 아무 상관도 없는 사람들의 반응이 우스워서, 비슷한 일을 경험하는 손님들과 자주 웃는다.

하지만 현실이 그러하니만큼 도안의 위치를 선정할 때 많은 이야기를 나누게 된다. 직업을 물어보고, 20대 초반이라면 앞으로의 진로를 묻기도 하고, 가슴이나 조금 예민한 부위에 할 땐 타투로 인해 쏠릴 수 있는 시선이 괜찮은지 묻기도 한다. 내가 불편했던 것이 당신도 괜찮을지 한 번은 물어보고 작업을 한다.

내가 변하는 것과 상관없이 세상의 속도는 느리기만 하다. 그렇지만 당연하게도, 타투가 있는 사람들도 타투가 없는 사람들과 살아가는 모양새는 별반 다를 게 없다. 그저 몸에 타투가 있을 뿐이다.

방송이나 매체에 나오는 타투가 있는 사람들은 독특한 개성이 있는 아티스트나 무시무시한 조폭들이 대부분이지만, 우리는 현실을 살아간다. 모두 대단한 사연을 가지고 타투를 하는 것도 아니다. 그냥 재미 삼아하기도 하고, 빈 곳이 허전해서 하기도 한다.

타투가 있다고 해서 성격이 별날 것 같다거나 무섭고 우악스러운 사람일 거란 편견을 겪어보니, 그동안 내가 남을 바라보던 시선이 얼마나 부끄러운 것이었는지를 알게 됐다. 그런 사람은 다른 이유로도 자기 맘대로 상대방을 판단할 것이다. 타투를 갖기 전 내가 그랬기에 더 잘 알게 되는 불편한 진실이다. 그런 면에서 나는 타투를 한 후의 내가 훨씬 마음에 든다. 하나의 구멍으로 댐이 무너지듯, 그런 작은 경험들이 나를 더 나은 길로 가게 한다. 적어도 누군가를 겉모습이나 선입견으로 함부로 판단하지 않는 사람이 되는 것만으로도, 그런 편견을 가진 사람들보다 낫다고 생각하기 때문이다.

그래서 타투 작업을 통해 타투가 무섭다는 편견을 깨려는 노력은 굳이 하지 않는다. 그 편견은 타투 도안이 무섭든 귀엽든 상관없이 존재하기 때문이다. 여린 선으로 하늘하늘하게 그린 나비이건, 상반신을 가득 채운 일본풍의 잉어나 용을 그린 이레즈미건, 사람들이 가진 타투에 대한 두려움이나 성적으로 '쉬울' 거라 생각하는 폭력성을 내가 깨줄 수는 없을 것 같다. 그러나 나는 그런 편견으로 타인을 대하는 사람이 되지 않을 거란 마음을 갖는다.

"타인의 몸과 삶은 당사자 본인의 것이다."
참 쉽고 간단한 말인데도 다들 어려워하는 기본적인 것. 언젠가 타투를 가진 사람들이 더 많아지고 더 이상 특이하지 않은 일상적인 것이 될 때 가능해질 수 있으리라 생각한다.

록산 게이의 『헝거』(사이행성, 2018)에 나왔던 말처럼, 타투는 나의 타고난 몸 위에 내 선택으로 무언가를 그려 넣게 되는 작업이다. 몸을 두르는 이레즈미, 두들(낙서), 어떤 책에서 읽은 맘에 드는 글귀, 내가 좋아하는 것, 내 몸에 넣고 싶은 것을 내 마음대로 선택하고 스스로 고통을 감내해가며 남기는 과정이다. 타인은 내 몸과 인생에 관여할 권리가 없고, 그들의 허락이나 용서가 필요 없다는 것도 알게 된다. 긴긴 시간 동안 부모님의 뜻대로 혹은 학교가 하라는 대로 살다가 세상에 나와 겪게 되는 성장통처럼, 타투는 자유의 쾌감을 준다.

첫 타투를 한 후 다시 작업을 받으러 오는 손님들에게 가끔 묻는다.
"어떤 게 많이 달라졌어요?"
보통은 스스로의 몸에 대한 자신감이 달라졌다고 말한다. 이런 걸 내 몸에 새겨도 될까요, 묻던 손님이, 이거 몸 어디에 넣으면 좋을 것 같아요! 하며 신나서 올 때가 가장 기분이 좋다. 몸에 남은 자해흔을 가리기 위해 커버업 의뢰를 했던 손님이 또 다른 그림을 넣기 위해 웃으며 올 때도. 사람들이 더 이상 아픈 기억을 묻지 않고 타투에 관해 이야기할 때, 조금은 더 나아진 것 같다고 할 때, 그런 때 이 직업을 가지길 잘했다고 생각하곤 한다.

그다음 많이 듣는 이야기는, '별다르게 달라진 게 없어요'다. 재미있게도 사람들의 시선을 제일 겁내던 분들의 후기기도 하다. 자신의 삶은 타투가 있든 없든 그냥 그대로 흘러가고 있다고들 말해준다. 가끔 사석에서 타투에 관해 묻는 사람이 있긴 하지만 다들 모르는 체하는 게 재밌다는 사람들도 있다.

한국에서 여성의 삶에 주어지는 수많은 잣대 중 하나의 선을 넘는다는 것이 주는 의미에 대해 생각해보곤 한다. 타투의 역사에서도 여성의 선택은 의미가 크다. 타투가 패션으로 변해가듯, 수많은 남성들이 선택했던 타투들처럼 이것 또한 이젠 개인의 개성 표시나 기억의 방식일 뿐이다. 그래서 오늘도 이런 질문을 던진다.

"내가 할머니가 되었을 때, 내 몸과 함께 늙은 타투를 지니고 있다는 게 타인과 무슨 상관일까요. 내가 타투를 하는 데 타인의 허락이 필요할까요?"

타투뿐 아니라, 타투에 비유하면 쉽게 답이 나오는 문제들을 우리는 여성이란 이유로 너무 많이 고민하게 되는 것 같다. 이제껏 사회가 만들어준 겉모습의 틀 가운데 정말 당연한 것들이 얼마나 있을까. 화장, 옷, 행동거지…… 타인을 해치는 일도 아닌, 스스로 선택한 길에서 여성이라는 굴레에 매여 너무 겁을 먹고 있는 게 아닐까. 여성들이 어떤 일들에든 조금 더 용기를 내는 순간들이 많아지길 바라본다.

몸, 건강하게

'몸매' 없는 세계의 운동

구현경

전직 금융인, 현재는 트레이너.
여성 전용 운동 스튜디오 팀버TIMBER를 운영한다.
운동에 대해 공부하며 칼럼을 통해 사람들과 나누고픈
지식과 생각을 전하고 있다.

Zero to One

누구나 환상을 꿈꾼다

나는 키가 1미터 남짓했을 때부터 환상적이고 비현실적인 일들이 나에게 일어나기를 소망해왔다. 그리고 곧 그것이 나의 삶의 목표가 되어버렸다. 가장 높은 곳, 넓은 곳, 완벽한 곳에 서 있을 수 있을 거라고. 장래희망? 대통령. 살고 싶은 곳? 베벌리힐스. 친해지고 싶은 사람? 빌 게이츠. 미국에 살고 싶지만 장래희망은 대통령이라는 아이러니는 대한민국의 한 초등학생이 알기에는 너무 어려웠다. 환상이 이루어지려면 항상 운과 노력의 적절한 배합이 이루어져야 한다는 것도.

그 초등학생은 스무 살이 되어 Y대학교 신문방송학과에 입학하게 된다. 'SKY' 대학에 합격했다는 자부심은 곧 신촌 거리과 알코올 사이에서 빠르게 지나간 1년 만에 나의 최대 콤플렉스가 되었다.

국내용 프로파간다(세계 12위 경제 대국, 일본과의 국제 무대 경쟁 상대!)를 제쳐두고 엄격하게 보자면 대한민국은 강대국은 아니다. 한화KRW는 주요 통화와 거리가 멀고, 외신이 한반도에 관심 가질 때는 북쪽에서 미사일을 쏠 때뿐이다. 내가 태국의 서울대인 탐마삿 대학교를 들어본 적 없듯이 Y대는 국제사회에서는 별 볼일 없는 대학이겠지. 졸업 후 나와 같이 일했던 동료는 옥스퍼드 대학교를 졸업한 영국 변호사였고, 골드만삭스 상장 전 파트너였던 회사 대표는 미 동부 명문 컬럼비아 대학교 출신이었다. 당시의 내게 내 국적과 학벌은 자부심이 되어주지 못했고, 나는 결코 저들과 같은 자리에 오를 수 없을 것 같았다. SKY 외에 다른 세계가 있다는 것을 진작 알았다면. 아니, 돈이라도 넘치도록 충분했다면. 난 왜 이렇게 완벽할 수 없는 거지, 하는 생각이 지배적이었다.

1과 멀어진다는 것

이런 내 콤플렉스와 바디 포지티브가 무슨 관련이 있냐는 생각이 들 거다. 초장부터 딴소리가 길었다.

무슨 관련이 있냐면, 모두 관련이 있다. 만족을 분수로 나타내보자. 분모는 나의 욕구 needs, 분자는 현시점의 자산이 되는데, 1은 '완전 만족(가진 것=원하는 것)'을 나타내고 0은 '완전 불만족'을 의미한다. 분자는 철저한 현시점의 자산(=Y대)이므로 임의 조작이 어려운 반면 분모는 상상력에 따라 제한 없이 폭발적으로 커질 수 있다(=미 동부 명문 대학). 이 분모 지수의 무한 상승 가능성 때문에 적지 않은 사람들이 괜찮은 학교를 졸업해도 콤플렉스를 안고 살아가고, '문제없는' 몸을 지녔음에도 스스로 불만족(0)의 상태로 다가선다.

옮겨 가서 학벌의 문제보다 몸의 문제는 훨씬 방대하고 구체적이며 직접적이다. 우리 사회는 모든 여성에게 좋은 학벌을 요구하지는 않지만 배가 나오거나 종아리가 굵으면 실격 판정을 내리기 때문에 여성은 반드시 매끈한 몸을 지향하도록 주입받으며, 이 프로파간다를 강화하기 위한 온갖 메시지가 동원된다.

몸에 대한 비현실적인 목표 설정과 허위 효능감

The Lie

도처에 넘치는 '2주 완성 다이어트' 광고와 손가락 스냅 한 번으로 20킬로그램 감량에 성공한 듯한 비포&애프터 사진들은 '완전 만족(1)'인 체형에 쉽게 도달할 수 있다고 속삭이며, 우리는 그 메시지를 꽤 열렬히 믿는다. 만약 누군가가 우리에게 2주 혹은 1년 만에 백억 부자가 될 수 있다거나 하버드에 입학할 수 있다고 말한다면, 과연 그렇게 쉽게 '그래, 난 할 수 있어!' 할 수 있을까. 대한민국 평균 여성이 지향하도록 강요받는 '아이돌 체형'이라는 분모 값은, 타고난 유전적인 조건에 더해 철저하게 체계적으로 상품화된 몸이라는 점에서 정말 가지기 힘든 몸이다. 그리고 이를 다수의 여성이 지향하도록 권유하는 지금의 행태는, 모든 사람을 하버드 로스쿨에 가도록 격려하는 것과 마찬가지로 어불성설이며 비현실성을 담고 있다.

You Liar!

'누구나 하버드 로스쿨에 갈 수 있다!'는 광고는 광고 타깃들이 어차피 믿지 않기에 우리가 흔히 접하게 되는 메시지가 아니다. 누구나 헛웃음을 지으며 과장 광고임을 즉시 판단할 수 있는 것이다.

그러한 즉각적 판단은 해당 허위 정보들에 저항할 수 있는 정보를 '출처: 내 머릿속'인 일반 지식만으로도 충분히, 신속하게 수집할 수 있기 때문이다. 그러나 유독 몸에 대해서는 사회적 기준에 저항할 수 있는 세부적인 정보가 우리의 머릿속에 현저히 부족하다. 단지 163센티미터에 45킬로그램이 되어야 한다고만 배웠다. 요새 유행하는 '마름탄탄' 바디를 보자. 마름탄탄이라는 말을 비판적으로 수용할 수 있는 사실적 근거가 즉각적으로 떠오르는가? 근육을 만들려면 지방도 대체적으로 증가하지만, 다이어트의 적과 아군이 사실 한 팀으로 움직인다는 정보가 머릿속에 당연한 것으로 자리 잡고 있지 않은 무방비 상태에서, 근육질에 마른 몸을 과시하는 인스타그래머와 연예인이 휴대폰 화면과 스크린에서 쏟아진다.

	얻기 어려움	얻기 어렵다고 생각되는가
완벽한 몸매	○	×
많은 돈	○	○
좋은 학벌	○	○
좋은 직장	○	○

〈몸에 대한 허위 효능감을 보여주는 표〉

The Fact

'건강한 체중 감량'은 단기로는 사실상 불가능하며, 돈과 시간이 뒷받침되어야 하는 건 기본이고 그 외 개인의 생활 습관이나 성격도 다분히 개입된다. 더 냉정하게 들어가면 다이어트 성패에는 생물학적인 특질도 개입된다고 알려져 있다. 사실 이 모든 건 의지와 노력에만 기대기 어려운 요인들이다. 누구나 도전할 수 있지만 실패 확률이 애초에 높은 게임이라는 것이다.

사회는 지금 당장, 당신도 할 수 있다며 허위 효능감을 심어주고 격려한다. 그래서 많은 사람들이 내심 몸에 대해서만큼은 쉽게 변화시킬 수 있다고 가정하고 있는 것 같다. 하지만 의지만 있으면 충분히 바꿀 수 있다는 선의의 거짓말이나 진실을 숨기는 것도 결국 거짓말임을 잊지 말아야 한다. 누구나 하버드 로스쿨에 갈 필요는 없고, 갈 수도 없다.

그렇게 해서 포토숍 바디가 된, 그 이후

하지만 고난의 산을 넘고 강을 건너 만족도 '1'에 가까워진 몸을 만들었다고 치자. 그러면 행복할까?

남산을 한바탕 뛰고 기분 좋게 땀에 젖어 이태원 길거리에 내려왔을 때의 일이다. 이태원 소방서 앞을 지날 때쯤 어떤 외국인이 "Wow, so fit"이라며 캣콜링(지나가는 여성을 향한 성희롱)을 했다. 아니, 휘파람 부는 것도 아니고, 그 흔한 'Hey'도 아닌…… 와우 소 핏? 기분 나쁘기에 앞서 일단 어이가 없었고, 동시에 내 몸이 남이 보기에도 운동한 티가 나는 어떤 수준에 도달했다고 자각하게 된 순간 중 하나였다.

일반적으로 선망받는 슬림하고 핏한 몸 수준에 도달하고 나니 더 욕심이 났다. 더 크게, 더 공격적이고 두드러지게, 누구나 나의 육체미를 알아볼 수 있게. 모범생 기질 탓에 어떻게 해야 하는지부터 조사했다. 나의 롤모델이 된 사람은 바로 세계적 보디빌더인 사딕 하조비치Sadik Hadzovic였는데, 나는 보디빌더 세계를 그린 넷플릭스 다큐에서 그가 일주일에 무려 열여덟 시간 운동을 한다는 사실을 알게 되었다. 당시의 나는, 일반인이니까 임의의 적정한 할인율(그렇다. 애널리스트는 가끔 임의의 할인율을 편의상 적용한다)을 적용해서, 주당 열다섯 시간 정도면 적당한 운동 시간이라고 스스로 말도 안 되는 기준을 세웠다. 회복의 중요성과 신경계 피로도 등에 대해 공부하기 전이기에 가능했던 무식한 결심이었다. 뭐, 점심 한 시간, 저녁 두 시간 운동으로 분할해서 주 5회만 운동하면 되겠네? 이틀이나 쉴 수 있으니 그리 불가능한 목표로 보이지 않았다. 하루에 세 시간을 못 채우면 쉬는 날에 마저 운동을 해서 채우면 될 테니까.

그리고 그 루틴을 일주일도 2주도 아닌 무려 3주 동안 성실하게 실행했고, 결과는 처참했다, 라는 결론이 더 자연스럽겠지만, 의외로 엄청나게 멋지고 두껍고 울룩불룩한 몸을 얻었다. 몸 자랑을 나누기엔 피차 징

그러워할 사이인 우리 언니도 동생 몸 엄청 좋아졌다고 얘기할 정도였고, 태어나서 이런 몸 처음 본다는 칭찬도 받아봤기에 남들의 인정도 그럭저럭 받은 셈이다. 하지만 이 몸을 더 유지하려다간 소셜 라이프가 사라져 혼자 늙어 죽는 건 기본에, 회사에서는 극도의 피로 상태로 근무를 하다가 중요한 일에서 실수를 낼 것만 같았고, 무엇보다도 그 몸을 유지하기 위해 양질의 음식을 다량 섭취해야 했기에 식비로 가산을 탕진할 것 같았다. 음식이 많이 들어가니 화장실도 자주 가야 했고, 이어 물 섭취도 늘려야 하는 등 크고 작은 불편함들도 발생했다.

하지만 위의 이유들은 내가 주 열다섯 시간 트레이닝을 그만둔 부차적인 이유일 뿐이고, 본질적 이유는 패닉 때문이었다. 멋진 몸을 거울에 비추어 보며 자신감과 도전 의식이 생기는 기간은 그 몸을 만들기 위한 노력에 비해 유통기한이 너무 짧았다. 이 멋진 몸이 사라지면 난 더 이상 매력적이지 않게 되고, 운동을 내 특장점이자 취미로 얘기할 자격이 사라질 것이며, 이미 더 아름답고 강한 몸을 가진 사람은 너무 많으니 그들 앞에서 초라해지리라는 두려움이 팽배했다. '여기서 얼마나 더 스스로를 푸시해야 나아갈 수 있을까. 아니, 지금도 전문 보디빌더에 비하면 형편없어. 난 더 못 해' 하며 포기하는 건 시간문제였다. 마침내 한 가지 생각에 다다랐다. '몸에 대한 만족'은 결국 생각하는 방식을 바꿔야 하는 문제가 아닐까?

+, -, 0 (Plus, Minus, Zero)

너 나 싫어해? 아니. 그럼 좋아해? 아니. 그럼? 별생각 없어.

이런 구조를 몸에 대해서도 마찬가지로 적용해보자. 자신의 몸매를 사랑하거나 증오하는 것 두 가지 의견 외 제3의 선택지가 가능할 것이다. 별생각 없으면 된다. "나는 내 굴곡진 몸을 사랑해"든 "나는 내 납작한 가슴이 옷태가 나서 좋아"든 스스로의 몸을 긍정적으로 해석하는 방식, 좋은 게 좋은 거라 생각하는 사람이 틀렸다는 게 아니다. 그렇게 생각할 수 있는 것도 능력이다. 하지만 사회구조적으로 이미 형성된 선입견을 버튼 하나로 물리치기란 매우 어렵고, 그래서 아무리 노력해도 자신의 볼록 나온 배를 긍정할 수 없다면, 평가를 해야겠다는 강박 자체를 버리고 그를 미적으로 문제 삼지 않으면 된다.

즉 몸의 외형을 분자나 분모의 조작으로 만족도 1에 도달해야 하는 대상으로 삼지 않으면 된다는 얘기다. 미적 가치 평가 없이 건조하게 있는 그대로를 받아들이는 것. 그래서 바디 포지티브는 오히려 몸에 대한 집착에서 벗어나는 것으로 시작된다.

그거 정신승리 아냐?

넷플릭스 오리지널 시리즈 〈더 굿 플레이스〉의 스타 자밀라 자밀은 할리우드에서 활동하는 배우 중 페미니즘과 바디 포지티비티를 가장 직접적으로 외치는 동시대의 연예인이다. 나는 이 배우가 (에티켓이라곤 실종된 네티즌들의 악플 세례 및 논란 있는 연예인을 기피하는 제작자들로 인한 잠재적 소득 감소를 온전히 감수하고) 세상에 필요한 말을 전하고 있기에 그 용기에 항상 영감을 받고 있다.

어느 날, 나의 한가로운 트위터 피드에서 그녀를 조롱하는 한 트롤링(인터넷 공간에서의 반사회적이거나 공격적인 행동)의 형태가 눈에 들어왔다. 건강상 위협이 될 만한 과체중자의 사진과 함께 그녀의 행동이 당뇨를 부추긴다는 내용이었다. 자기 몸에 대한 외형적 집착에서 벗어나 'Love yourself' 하라는 게 과체중자에게 실제적 위해를 유발한다는 그의 주장은, 분명 바디 포지티브에 대한 아주 일차적인 이해만 가지고 시비를 건 것이다. 하지만 건강에 대해 수없이 누적된 연구들을 보면 고도비만이 당뇨 발병의 확률을 증가시키고 심혈관계 질환을 유발하며 관절을 상하게 한다는 건 논란의 여지가 없는 사실이기도 하다. 그렇다면 바디 포지티브는 자신의 몸을 있는 그대로 내버려두라는 정신승리에 불과하고, 그 사람의 건강을 위협하는 논리가 아니냐는 주장이 충분히 가능할 것이다. 하지만 바디 포지티비티는 더 나은 것을 추구하지 말라는 얘기가 아니다. 단지 자신의 몸이 어떤 정형화된 외적 틀에 맞지 않는다는 이유로 다이어트를 결심하는 게 아니라, 건강상의 이유로 체중을 줄여야겠다고 선언하는 것은 바디 포지티브와 상충되지 않는다. 오히려 자신을 더 사랑하고 아끼기에 하는 일에 가깝기 때문이다.

팀버로의 여정

누구나 다 겪어본 운동 서사

나의 배경을 전면에 내세우진 않지만 사람들은 내가 사모펀드 애널리스트였다는 사실을 알면 나의 배경을 조금 독특하다고 여기고 관심을 보인다. 금융 업계에서 대형 M&A와 부동산 투자를 하던 사람이 갑자기 트레이너를 한다는 건 심각한 커리어 하향 같아 보이니 의문이 절반, 나머지는 자기 마음대로 사는 사람 같아 보여 느끼는 동경 내지 감탄 때문이라고 나는 짐작

한다.

 뒤따르는 여러 말들 중, 운동을 좋아한다면 취미로 충분히 할 수 있음에도 불구하고 직장이라는 큰 기회비용을 날려먹은 게 아니냐는 질문은 특히 타당하다. 하지만 내가 회사와 이 취미를 병행하지 않은 이유는 내가 종교적으로 실천하는 그 일을 내가 원하는 방식으로 하기가 어려웠기 때문이다.

회원님, 원래 운동하는 분이세요?

 헬스장에서는 웜업을 할 때는 시선이 많이 쏠리진 않는다. '여성들이 할 법한' 동작들로 하기 때문이다. 인치웜, 마운틴클라이머, 팔벌려뛰기와 같은 간단한 맨몸운동과 3킬로그램 핑크 덤벨로 만들어내는 움직임은 사회적 문법에 딱 들어맞아 튈 일이 없다. 하지만 웜업이 끝나고 트랩바에 능숙하게 원판을 꽉 채워 고중량 데드리프트를 하고 있으면 별종 여성으로 프로파

일렁되기 마련이다. 꼭 한 번은 남성 트레이너가 다가와서 말을 건다. "회원님, 원래 운동하는 분이세요?"

사실 이런 종류의 칭찬은 듣는 사람은 원치도 않을뿐더러 듣기에 썩 편하지도 않은 칭찬이다. 내가 생각하는 이상적인 헬스장에서의 한 시간은 주목받지 않고 조용히 운동하고 나가는 것이다. 낯선 이에게 말을 안 거는 문화가 지배적인 서울에서 나를 모르는 사람이 불쑥 말을 거는 행위는 매우 불편하다. 발화자는 저 나름 악의 없이 다가왔다고 믿기에 스스로가 누군가에게 강요된 칭찬을 했다는 생각조차 하지 못할 것이다. 열 걸음 정도 양보해서, 그 트레이너가 이 과포화된 시장에서 영업 기회를 잡기 위한 처절한 노력으로 말을 건넸다 치자. 대개 곧 다른 회원을 가르치러 가거나, 수건을 개거나, 다른 운영 잡무를 하러 금방 떠났기에 운동에 집중하는 데에 그리 큰 지장을 주는 일은 없었다.

그러나 다른 남녀 회원들이 괴짜처럼 쳐다보는 건 꽤 성가셨다. 몸매 셰이핑에 집중하고 있는 여성들은 한두 번 힐끔거리고 말았지만, 남성들이 자신과 아무

연관도 없는 나를 의식하며 옆에서 경쟁적으로 무게를 올리는 건 정말 꼴값이었다. 비싼 동네에 위치한 고급 보디빌딩 스튜디오일수록 불쾌한 일을 겪는 경우가 적었지만, 내가 다니고 싶은 합리적 가격에 시설도 좋은 체인 헬스장을 다닐 때에는 어떠한 종류의 불편한 일이 도사리고 있을지 모른다는 마음의 준비는 하고 가야 했다.

그러던 중 여의도 사무실 근처에 크로스핏 센터가 있다는 얘기를 들었다. 물론 크로스핏 '커뮤니티'가 운동하는 젊고 매력적인 남녀들이 성애적 친분을 바탕으로 형성된다는 점은 운동만 하고 싶은 나에겐 소속감을 주기보다는 오히려 더 겉돌게 하는 요인이었다. 하지만 그 외 실제 운동 시간에는 각자 자기의 와드(WOD, Workout Of the Day. 크로스핏에서의 그날의 운동)를 해내느라 바빠 서로에게 별 주의를 안 기울일 수 있었고, 행복하게 주 5일을 크로스핏 하는 사람이 되었다. 그러면서도, 운동 능력이 올라갈수록 남자 무게와 여자 무게가 명확히 구분되는 점이 싫었다. 고등학교

때부터 운동을 유일한 취미로 삼아온 덕에 운동 잘하는 사람들을 모아놓은 크로스핏 박스에서도 나는 종종 '남자 무게' 구간에 들어와 있어 선생님이 "무게 세팅하세요, 남자 무게는 몇 파운드, 여자 무게는 몇 파운드" 하는 식으로 규정해주면 굳이 규칙 위배자가 되어 남성들이 쳐다보는 가운데 무게 세팅을 해야 되는 것도 싫었을뿐더러 무게를 하향해야 한다는 동조 압력을 느끼기도 했다. 물론 PR(Personal Record)이니 뭐니 하며 더 무거운 것을 들 수 있도록 같은 운동 커뮤니티의 남성 친구들이 응원해줄 때 스스로 자부심에 젖기도 했으나, 결국 비슷한 노력을 해온 운동 경력자 남성들은 나보다 월등히 더 높은 무게를 들었기 때문에 스스로 불완전한 느낌을 지우기가 어려웠다.

마름, 섹시함, 강함이라는 감옥

여성 전용 헬스장을 가면 되지 뭔 불만이냐고 할 수

도 있겠다. 하지만 적다. 비싸다. 그리고 결국 똑같다. 여성 전용 헬스장을 안 가본 건 아니었다. 일단 찾은 곳은 사는 곳과 너무 멀었다. 그리고 웨이트 머신이 총 여섯 대 정도인 작은 헬스장임에도 불구하고 대형 헬스장보다 조금 더 비싼 가격을 받고 있었다. 그곳에 비치된 가장 무거운 덤벨은 10킬로그램이었다. 운동할 때도 핑크 택스를 내야 된다는 걸 자각하기도 전에 맞닥뜨린 파스텔톤 벽과 아기자기한 조명으로 온통 도배된 공간 속에서 더벅머리를 한 채 반바지에 무릎보호대를 착용한 내 모습은 우스꽝스러웠다. 나의 담당 트레이너가 읊는 다이어트 서사는 일차적으로 사회구조적인 문제이니 그러한 서사를 재생산한다고 여성들을 탓하기도 어렵다는 것은 알고 있다. 하지만 그 틀에 들어맞지 않는 나를 받아줄 곳이 없다는 것도 동시에 괴로운 사실이었다.

강해지라는 또 다른 족쇄

나이키는 세계 1위의 스포츠 라이프스타일 브랜드이니, 그 마케팅 방식을 보면 주류의 스포츠 여성상이 보인다. 최근 나이키는 강한 여성상을 광고에 적극적으로 기용하기 시작했다. 그리고 아무 제한 없이 꿈을 펼치라는 메시지를 준다. 잘 만든 나이키 광고를 보면 가슴이 뜨거워지지 않을 수 없다. 하지만 정말 제한이 없을까? 실제로 팀버 체험 수업을 오셨던 분 중 크로스핏 선수들처럼 큰 몸을 가지고 싶다고 하신 분이 있었다. 여성이 단지 몸 좋은 여성이 아니라 남성과 유사한 몸이 되려면 과장을 조금 보태 거의 자신의 삶의 절반 이상을 잘 먹고 운동하는 데에 분전해야 한다. 더욱 냉정하게 얘기하자면 단기적으로는 스테로이드 없이는 그런 몸을 만들기 어려울 것이다. 개인의 의지만을 탓하며 누구나 하면 된다는 식으로 쉽게 말할 수 없다.

이런 불만을 인스타그램에다 써놓았더니 친한 친구가 삼성전자에 다니면서 보디빌딩 커리어를 쌓아가는 한 여성의 이야기를 메시지로 보내왔다. 출근 전 운동, 야근 끝나고 운동. 가혹한 사람 같으니. 이런 예외를 던져주며 '유 캔 두 잇 투'가 위로인 줄 알다니. 이는 하버드 로스쿨의 예시와 마찬가지로 먹을 수 없는 신포도 목표이며, 도전 정신을 불러일으키기보다는 좌절감을 주기 마련이다.

나의 경우 마르고 날씬해야 된다는 좌절감보다는 강해져야 된다는 강박이 더 괴로웠다. 주 열다섯 시간 피나는 노력으로 운동해본 결과 엄청나게 근육질인 몸은 약물 없이 불가능하다는 걸 깨달았으니 더더욱. 물론 대중적으로 흔히 선망받는 유약한 여성형을 내세우는 것보다는 나이키와 같이 강한 여성을 내세운 광고가 명백히 더 많은 여성들을 자신만의 운동 여정으로 떠날 수 있도록 영감을 주기 때문에 이러한 방식의 마케팅을 부정적으로만 보기는 어렵다. 큰 풍채가 주는 안전감, 위압감은 많은 여성들에게 필요한 것이기도 하다.

하지만 반드시 근육질 몸에 도달해야 된다는 강박이

있고, 1백 킬로그램 이상의 고중량 데드리프트를 목표로 하는데 막상 자신은 45킬로그램 정도 체중의 소유자라면 그 목표는 달성 가능한 일이겠는가. 강한 여성은 여성을 유약하게 그리는 일반화에 대한 가장 단순한 반론이지만 우리는 보다 더 심도 있는 관점을 추구할 필요가 있다. 나이키 광고에 나오는 세레나 윌리엄스는 하루 만에 만들어지지 않았고 그 몸 또한 일반인이 접근하기 어려운 엄청난 자본이 집약된 상품임을 잊지 말아야 한다.

몸매는 없고 체형은 있는 헬스장

도달하기 어려운 이상을 설정하고, 그 간극을 자기혐오로 채우는 바디 네거티브가 발생하는 이유는 우리가 몸을 단 하나의 관점에서만 해석해왔기 때문이다. 마른 몸도, 강하고 탄탄한 몸도 그리고 그 사이에 있는 마름탄탄이라는 이상한 신조어도 모두 몸의 외형에만 집중한다.

 몸매는 자꾸 변한다. 심지어 하루 단위로도 변한다. 전날 뷔페를 먹어 배가 좀 나왔거나, 조금 적게 먹어 홀쭉해지는 건 일상이고 덤덤하게 바라봐야 할 변화다. 과식한 스스로를 질타하거나 한 끼 잘 굶었다고 칭찬하며 일희일비하는 건 의미 없는 이야기다. 운동을 하기로 마음먹고 헬스장에 주 3회 이상 출석한다고 해서 몸의 구속에서 자유로워지는건 아니다. 이런 사람은 펌핑된 모습에 기뻐하고 하루 운동을 거르면 근손실이 올까 두려워한다. 모두가 유미주의자인 양 몸을 심미적 관점에서만 바라보는 교육을 받았으니 관절의 가동 범위가 충분히 큰가, 통증 없이 일상의 움직임을 수행할 수 있는가는 고려의 대상조차 아니다.

 팀버를 찾아오시는 분들 중 상당수는 운동 경험이 많아 이미 퍼스널 트레이닝을 받은 경험이 있다. 하지만 그들의 '운동 선생님'들은 여성 회원은 아름다운 몸매 가꾸기에 관심 있으리라 쉽사리 가정했을 것이다. 내가 다녀본 무수한 운동 센터에서의 경험도 동일하므로 이는 회원들의 경험을 빌려오지 않아도 알 수 있다. 하지만 팀버는 '왜'가 중요한 공간이다. 예를 들어 허리 아래 재건을 위해 왜 둔근 운동을 해야 하는지 설명하고, 각 세부 둔근의 위치와 기능을 말씀드리는 게 일반적이다. 여자는 애플힙이 있어야 허리도 얇아 보이고 청바지 입었을 때 태가 난다는 이유로 스쿼트를 강행받는 과거의 PT와 필라테스 수업들을 회상하는 표정이 스쳐 지나가는 게 보이는 듯하다.

팀버에서는 각 멤버의 체형에 따른 운동 동작의 유불리함에 대해서 얘기하는 것 외에 별다른 사회문화적 맥락에서의 몸매 평가는 없다. 몸매가 사라진 공간에서 각 회원들은 수업이 진행될수록 어떻게 하면 더 잘 움직일 수 있을지 고민하며 몸을 기능적으로 해석하는 법을 배워간다. 내가 팔다리가 짧으니 웨이트할 때 안정성이 높은 편이구나, 몸이 무거우면 맨몸 운동할 때는 조금 더 힘들게 운동하는구나, 내가 키가 크니 버피(전신운동의 하나)가 느리구나.

그러니까, 팀버 안에서 몸매에 대한 논의는 없다. 우

리는 대한민국의 평균 여성으로 살면서 몸의 외형 때문에 시간적, 자본적 비용을 이미 치를 대로 치렀다. 뚱뚱한 몸도, 근육으로 다져진 멋진 몸도, 다이어트해서 마른 몸도 가져봤지만 내 가치를 몸의 겉껍질에 맡기는 건 단단한 반석이 아니라 흐물거리는 젤리 위에서 자기애라는 계란 한 바구니를 들고 불안정하게 서 있는 것임을 깨닫는 데 너무 오랜 시간이 걸렸다. 이 시행착오를 다른 분들이 겪지 않았으면 하는 바람이 팀버에 온전히 반영되어 있다.

〈아워 바디〉, 몸의 솔직함에 대하여

한가람

영화감독. 사회학과를 졸업하고,
한국 영화 아카데미에서 연출을 공부했다.
영화 〈장례난민〉(2017), 〈아워 바디〉(2018)를 연출했다.

서른한 살 윤자영

〈아워 바디〉는 한국영화아카데미를 졸업하면서 만든 내 첫 장편영화다. 영화의 주인공은 당시 내 나이와 비슷한 서른한 살의 윤자영이다. 자영은 손바닥만 한 원룸에서 8년이라는 시간을 행정고시에만 매달린 여자다. 친구들은 회사에 들어가 어느덧 승진도 하고, 누군가는 결혼해 아이를 낳기도 했다. 하지만 행정고시 낙방만 거듭한 자영에게는 남은 것이 아무것도 없다. 8년을 공부했지만 합격을 빼니 아무것도 가진 게 없는 것이다. 반짝이는 20대는 누려보지도 못했고 건강은 더 나빠졌으며, 삶에 아무런 의욕이 없는 텅 빈 눈동자만 남게 됐다.

자영에게는 한때 함께 시험을 준비했던 남자친구 경수가 있다. 경수는 자영보다 먼저 고시를 접고 회사에 들어갔다. 자영의 원룸으로 퇴근한 그와 힘에 부쳐 아무런 쾌락도 느껴지지 않는 섹스를 하고 자영은 영혼이 없는 얼굴로 천장을 응시하고 눕는다. 취업과 동시에 제도권 안으로 들어간 경수는 제도권 밖에서 길을 잃은 자영을 이해하지 못한다. 자영의 마음이 행정고시를 떠난 지는 오래다. 놓아줘야 할 때를 아는 것도 용기인데, 8년이란 세월을 들인 일을 접은 자영의 용기를 알아주는 이는 없다. 그저 삶을 놓아버린 것처럼 보이는 자영을 완전히 떠나기로 마음먹은 경수는 말한다. 행정고시든 뭐가 됐든, 사람처럼은 살아야 하지 않겠느냐고.

경수와 이별하고 편의점에서 맥주를 한 아름 담아 집으로 돌아오던 길, 자영은 자신과는 전혀 다른 세계에 속한 한 여자를 만난다. 자영이 매일같이 오르내리

면서도 중간에 주저앉고 만 계단을 타닥타닥 가볍게 뛰어올라 오는 여자, 현주. 그녀의 규칙적이고도 가쁜 숨소리, 심장이 뛸 때마다 오르내리는 가슴, 현주는 확실히 살아 있었다. 온몸이 화석처럼 굳어버린 자영에게 생명력이 넘치는 현주의 존재는, 건강한 현주의 육체는 마치 유토피아처럼 다가온다. 자영은 현주를 따라 달리기를 시작하고 자영의 몸에는 어떤 변화가 생긴다.

서른한 살의 나는 스스로가 '사람처럼' 살고 있지 않다고 느꼈던 것 같다. 그래서인지 〈아워 바디〉에는 '사람'이라는 단어가 여러 번 등장한다. 경수는 자영에게 "사람처럼은 살아야 하지 않겠느냐"고 묻고 운동을 시작한 자영을 본 엄마는 "이제야 좀 사람 같네"라고 말하며, 자영은 중학교 동창 민지에게 "나도 돈 벌어서 사람처럼 살 거야"라고 말한다.

대학교를 졸업할 때쯤 『아프니까 청춘이다』(쌤앤파커스, 2010), 『88만원 세대』(레디앙, 2007)를 비롯해 이와 비슷한 책이 쏟아져 나왔는데 하나같이 내게 맞는 말이었다. 내 첫 월급은 백만 원이 되지 않았고 그 후 3년 동안 월급은 전혀 오르지 않았다. 내게는 꿈같은 숫자였던 150만 원의 월급을 받기 위한 협상에 실패하고 나자 내 인생이 보잘것없이 느껴지기 시작했다. 그 당시 내 소박한 소망은 식당에서 가격에 개의치 않고 먹고 싶은 메뉴를 주문하는 것이었다. 그리고 테이크아웃 커피를 마시는 것까지.

20대 후반이 되자 몸이 달라지기 시작했다. 군살이 붙고, 조금만 피로해도 몸이 무겁다는 생각이 들었다. 그 무렵 친언니가 나에게 링크를 하나 보내주었다. 링크의 제목은 "누구나 5킬로미터를 달릴 수 있다"였다. '누구나'라니. 현재의 나는 '누구나' 하는 것은 하나도 못 하는 것 같은데, 정말로 나도 달릴 수 있을까? '누구나'라는 희망적인 단어의 힘에 끌려 생애 처음 달리기를 시작했다. 처음에는 3분을 달리는 것도 숨이 턱에 차고 죽을 것만 같더니, 어느덧 30분을 쉬지 않고 달릴 수 있게 됐다. 달릴 수 있다는 사실은 나에게 유일한 자랑거리가 됐다. "나 요즘 달리기해." 이 한마디에 나의 불안정한 고용 상태를 걱정하던 친구들의 표정이 바뀌었다. "정말?", "어디서?", "얼마나?" 눈이 휘둥그레진 친구들에게, 마치 새로운 종교 집단에 가입한 신도처럼 링크를 전달하기 시작했다.

내가 막상 몸을 움직이기 시작하니 운동을 하는 사람들과 그들의 노력이 주는 결실이 눈에 보이기 시작했다. 밤에 30분씩 달린다고 해서 몸에 다이내믹한 변화가 일어나지는 않는다. 살이 조금 빠진 게 아닐까, 스스로 믿게 되는 정도다. 그렇다면 온몸에 탄탄한 근육이 자리 잡은 그녀들의 노력은 대체 얼마만큼의 고통이 수반된 것일까. 왜 그렇게까지 운동을 해야만 하는지 그 이유가 궁금했다. 단지 건강을 위해서라기에는 감내해야 하는 고통이 너무 큰 것 아닐까? 그 해답을 탐구하기 위해 출발한 이야기가 〈아워 바디〉였다.

가장 먼저 머릿속에 떠올랐던 장면은 거울에 비친 한 여자의 나체였다. 탄탄한 복근, 선명한 기립근, 그것을 하나하나 찬찬히 확인해보는 여자의 눈빛. 마치 확인하지 않으면 사라져버리기도 하는 것처럼 말이다. 그 세계에 직접 들어가 탐구해보는 인물이 서른한 살의 고시생 윤자영이다.

노골적인 시선으로부터

촬영을 마친 지 2년이 지난 후 개봉을 하게 되었다. 제목이 그러하듯 영화에는 여성의 신체가 굉장히 많이 등장한다. 언론시사회에서 여성의 몸을 '성적 대상화'하지 않기 위해 고민을 했는지 질문을 받았다. 성적 대상화라니, 부정적인 단어라는 느낌이 머릿속을 스쳤고, 자연스레 그런 노력이 있었다고 답을 했다. 집에 오는 길에 '대상화'라는 단어를 검색해봤다. '성적 대상화'라고도 검색해봤다. 그러고 나서 촬영 감독에게 우리가 성적 대상화를 피하기 위한 고민을 했었는지 물었다. 그 고민의 시점이 있었던 것은 분명한데, 그것이 중요하게 기억에 남지 않았던 이유는 이 영화에는 노골적이고도 직접적인 시선들이 오고가는 것이 굉장히 중요했기 때문이다. 성적 대상화의 여부는 촬영 방식에 영향을 받기도 하겠지만 이야기의 맥락이 무엇인가가 더 중요하다. 자영은 현주를 성적 대상으로 보지는 않지만 분명 어떤 의미로 대상화하고 있다. 그녀의 육체성에 대한 동경을 담아 순수한 욕망의 눈빛으로 그녀를 끊임없이 관찰하고 응시한다.

〈아워 바디〉에는 굉장히 다양한 시선이 담겨 있다. 자영은 자신은 잃어버린 지 오래인 생기를 지닌 여동생 화영의 몸을 보고, 화영은 훗날 탄탄한 몸을 갖게 된 자영을 훔쳐본다. 현주를 따라 달리기 시작한 자영이 서서히 변화하는 과정을 자영의 엄마가, 자영의 친구 민지가 목격한다. 회사에서는 같은 아르바이트생이자 정규직 채용의 경쟁자인 희정이 자영을 보고, 자영은 정규직으로 일하는 친구 민지의 제도권 안에서의 삶의 모습을 본다. 타인의 시선이 주는 무게감이 우리

의 삶에 어떤 영향을 미치는지 보여주고 싶었다. 내가 과연 '사람답게' 살고 있는지 감시하는 눈들이 없었다면 내 삶이 다른 방향으로 갈 수도 있지 않았을까.

몸을 변화시킨다는 것은 타인의 시선이 쉴 새 없이 교차하는 사회에서 남들에게 보여줄 수 있는 가장 확실한 것이다. 오랜만에 만나는 친구가 혹독한 운동을 통해 전과는 완전히 다른 몸으로 나타났다면 우리는 모두 그의 노력을 칭찬해줄 것이다. 멋있다고 인정해줄 것이다. 가시화된 성취를 느끼기 어려운 사회일수록 눈에 보이는 무언가를 만들어낼 수 있다는 것은 그만큼 값진 일이 될 테니 말이다. 나에게 달리기 링크를 보내줬던 언니 역시 운동을 통해 완전히 다른 사람이 되었다. 아니, 그녀의 내면이 얼마나 변했는지는 본인 외에는 알지 못하겠지만 적어도 내가 보기에는 분명히 달라 보인다. 그녀의 몸에 선명히 자리한 근육들이 그녀를 더 강하고 내면까지 단단한 사람으로 보이게 만드는 것이다.

〈아워 바디〉에서 가장 많이 등장하는 시선은 자영이 현주를 보는 시선일 것이다. 자영과 현주의 관계는 독특하다. 실제로 두 사람의 관계에 대해서 많은 질문을 받는다. 그때마다 두 사람의 관계는 선을 그어 정의할 수 없는 것이라는 애매한 답변을 하고는 하는데, 나에게 현주를 바라보는 자영의 감정은 순수하고 정직했다. 동경하고, 닮고 싶고, 그래서 잠깐이라도 함께 있고 싶은, 하나라도 더 알고 싶은 사람이 현주였다. 그래서 현주를 바라보는 자영의 시선은 매우 중요했다. 우리가 누군가의 육체를 바라볼 때 그것이 반드시 섹슈얼한 과정으로 연결되지는 않는다. 거기에는 훨씬 복잡한 감정이 있을 수 있다.

자영의 몸이, 현주의 몸이, 그저 평범한 한 여성의 몸이지만, 각자 자신에게는 하나의 독립된 세계라고 생각했다. 그 안에서 충분히 어떤 에너지가 만들어질 수 있을 것 같은 특유의 기운이 느껴지길 바랐다. 카메라는 가능한 한 가까이에서 그 세계를 탐구한다. 자영과 현주의 신체 이미지에 대한 계획은 구체적이었다.

운동을 통해 단순히 날씬해진 몸이 아니라, 어디서부터 근육이 붙는지, 운동할 때는 몸의 어느 부분이 어떻게 움직이는지 섬세하게 드러나길 원했다. 몸이 달라지면서 생기는 자신감의 근원이 추상적으로 보이지 않길 바랐다.

하지만 이 영화는 몸의 변화가 건강한 정신으로 연결된다는 것을 말하는 영화는 아니다. 유토피아가 실제로는 존재하지 않는 이상향인 것처럼, 운동이 주는 해방감도 현실의 모든 것을 해결해주는 마법은 아니기 때문이다. 자영이 행정고시에 몰두한 8년이라는 세월을 현주는 운동에 매진했다. 현실에서 벗어나기 위해 시작한 운동은 현주에게 멋진 몸을 가져다준 대신 그것을 잃지 않기 위해 더 혹독하게 달려야 하는 또 다른 과제가 된다. 자영이 현주의 속마음을 알 수 없었듯이 건강하게 달리는 누군가를 바라보는 우리의 시선은 그 이면까지는 읽지 못한다.

내 몸으로 할 수 있는 것들

 어딜 가나 '바디'라는 단어가 보였다. '바디'가 붙은 TV 프로그램은 물론, 각종 운동기구, 보조제의 광고에도 '바디'가 붙어 있었다. 우리가 '몸'이라고 칭할 때와 '바디'라고 할 때는 그 느낌이 달랐다. '바디'란 몸의 기능보다는 외양적인 측면에 더 관점을 둔 것 같았다. 자영이 탄생하기도 전부터 "아워 바디"라는 제목이 머릿속에 떠올랐다. '마이'가 아니라, '아워'가 된 것은 극 중 모든 인물이 자기 몸에 관한 각자의 이야기를 가져야 한다고 생각했기 때문이다. 서른한 살의 자영과 현주를 포함해, 달리기 동호회의 남자들은 물론 중년 여성인 자영의 엄마, 아직 열다섯밖에 되지 않은 자영의 동생 화영도 자신의 '바디'에 신경을 쓴다. 남녀노소, 자신의 몸에 대한 것은 모두의 화두가 될 수 있지 않을까. 이 영화를 보고 나서 각자 생각해볼 수 있지 않을까 하는 생각으로 제목을 확장하게 된 것이다.

본격적으로 이야기를 쓰기 전에는 어떤 이야기가 들어갈 수 있을지 가능한 한 제약 없이 자유롭게 생각해보려고 한다. 이야기의 출발점이 되었던 운동에 관해서는, '달리기'를 중심 소재로 두기로 했다. 달리기란 자영처럼 아무것도 없는 상태에서도 마음만 먹으면 쉽게 시작할 수 있는 운동이다. 달리는 몸을 담는 것은 재밌는 작업이 될 것 같았다. 달리는 장소에 따라 느낌이 달라질 수도 있고, 역동적으로 움직이는 팔다리와 서서히 달라지는 인물의 표정이, 자영이 어떤 변화의 과정을 겪고 있는지 나타내기 좋아 보였다. 화석처럼 굳어 있던 몸이 어떻게 러너가 되는가를 담는 것이 첫 번째 목표가 된 셈이다.

자영이 어떤 운동을 할 것인가를 생각한 뒤, '몸'에 대해 더 많은 고민을 하기 시작했다. 우리가 몸으로 할 수 있는 것, 몸이 갖는 미학적인 의미에는 어떤 것들이 있는지 도서관에 가서 책과 논문을 뒤져보기도 했다. 그러다가 문득 몸과 섹슈얼리티는 떨어뜨릴 수 없는 밀접한 관련이 있는 주제라는 생각이 들었다. 섹스도 몸으로 할 수 있는 매우 일상적이고 평범한 행위이다. 자영의 몸이 변화하면서 섹슈얼리티에 대한 측면도 변화를 겪을 것이 분명했고 이 이야기를 해야 한다고 생각했다. 그래서 영화의 시작 부분에 자영과 남자친구 경수의 힘에 겨운 섹스 장면이 등장하게 된 것이다. 고시로 몸을 방치한 결과 쾌락을 위한 행위조차 힘겨워진 젊은 남녀를 보여주고 싶었다. 자영이 처음에는 달리기는커녕 계단도 제대로 올라가지 못했던 것처럼 자영이 누군가와 관계를 하는 방식도 감정도 달라질 것이다.

20대 때 친구들과의 여행에서 각자의 성적 판타지를 이야기한 적이 있다. 그때의 경험이 떠오르면서 〈아워 바디〉의 인물들도 서로의 성적 판타지를 이야기하면 어떨까 하는 생각이 들었다. 현주는 무엇이라고 할까? 자영이는? 이 상상은 꽤 재미있었고 〈아워 바디〉 안에 새로운 이야기의 한 줄기가 생기게 되었다.

'바디'와 또 하나의 이야기 줄기는, 영화를 본 사람들 사이에서 논란의 지점이 되기도 했다. 운동이 하나의 줄기이듯, 섹슈얼리티도 몸과 관련한 하나의 줄기로 맥락을 지니고 있지만, 이를 어떻게 받아들이는가는 다른 문제라고 생각한다. 아마도 논란의 시발점은 자영이 동경했던 현주의 성적 판타지가 '나이 많은 남자와 자는 것'이었기 때문인 것 같다. 현주의 발언 때문만은 아니지만, 이 발언을 촉매로 자영은 후반부에서 어떤 사건을 벌이게 되는데. 이것을 부적절한 상대와의 부적절한 관계라고 보는 이들도 많았다. 한마디로 불편할 수 있는 장면이다. 하지만 이 영화에서 섹스란 다른 영화에서 등장한 섹스와는 조금 다른 지점이 있다.

촬영에 들어가기 전 시나리오의 리뷰를 받았을 때 '사랑이 없다', '이 영화의 섹스란 다 무미건조하고 결론적으로는 자위와 같지 않냐'는 의견이 있었다. 이 코멘트에 고개를 끄덕일 수밖에 없었다. 자영은 몇몇 상대와 섹스를 하지만 그중 사랑하는 감정을 나누는 상대는 없다. 사랑이 없는 이 섹스가 의미하는 것은 무엇이었을까. 이 영화에 나오는 인물들은 무엇인가를 계속해서 '확인'하고 싶어 한다. 달리기 동호회의 연하남 민호는 '확인해보고 싶어서' 운동을 한다고 말한다. 내 안에 있는 무엇인가를 확인하고 싶어서.

실제로 운동을 즐기는 사람들에게 왜 그렇게 힘들게 운동하는지 물었을 때 무언가를 확인해보고 싶었다는 대답을 꽤 들었다. 자신 안에 있는 변화의 가능성을 확인해보고 싶었거나, 가시적으로 변화하는 자신의 몸을 보고 싶었던 것일 수도 있다. 자영에게 성적 판타지를 이야기할 때 현주는 왜 나이 많은 남자와 자고 싶은가에 대해 이렇게 답한다. 젊은 남자들은 다 자기 몸을 인정해주길 바란다고. 그런데 정작 힘들게 만든 자신의 몸은 제대로 봐주지 않았다고 한다. 타인을 통해서 자신의 변화를 인정받고 싶은 마음이 현주에게도 있는 것이다.

섹스도 결국은 상대방의 반응을 통해 나를 확인하는 과정이 아닐까 생각한다. 타인과의 관계를 통해서만 나의 현재 위치를 확인받고 싶은, 누군가는 이기적이라고 볼 수도 있는 그런 마음이 있을 수 있는 것 아닐까.

왜 다들 그렇게 생각해?

〈아워 바디〉의 시나리오를 쓰기 시작했을 때 나는 20대를 갓 지나온 나이였다. 20대의 나는 혜성 충돌로 지구가 멸망하길 바라는 염세적인 아이였다. 자기 소개서를 백 번 넘게 작성하고 백 번이 넘는 거절을 당했다. 세상에는 나보다 똑똑하고 일을 잘하는 사람들이 너무 많아 보였고, 나만 제외하고 모두 다 자기 몫을 해내며 살아가는 것 같다는 생각이 들었다. 같은 상황에서도 분명 희망을 찾는 사람들이 있겠지만 난 그렇지 않은 사람이었다. 길거리를 건강하게 달리는 사람들을 보면서도 〈아워 바디〉와 같은 이야기를 떠올렸으니, 영화를 본 사람이라면 내 말이 무슨 뜻인지 알 것이다.

뜻대로 되지 않는 세상, 유일하게 뜻대로 되는 내 몸을 움직여보고 싶다는 누군가의 말에 강하게 공감한 동시에 연민을 느꼈다. 어느 자리에 있어도 인생은 다 힘든 거구나, 다 벽에 부딪히는구나 싶었다. 이야기를 써서 누군가를 섣불리 위로할 수 있는 처지는 아니라고 생각했다. 다만 이 이야기를 통해 누군가는 답답한 현실을 인정해주길 바랐다. 가시화된 성취를 반드시 가져야만 하는 사회에서 내 뜻대로 할 수 있는 건 젊은 몸뚱이밖에 없으니 이렇게 매달릴 수도 있는 거라고. 하지만 이것마저 답이 아니라면 그땐 어떻게 살아야겠느냐고 묻고 싶었다.

백수 시절, 밤에 거리를 뛰고 있으면 그 순간만은 살아 있다는 생각이 들었다. 낮에 아무것도 하는 일이 없으니 스트레스가 없는 것이 스트레스가 되었다. 이겨낼 것이 없으니 나 자신하고라도 싸워서 이겨나가야겠다는 생각이 들었다. 달리는 건 지루하고 힘든 일이었지만 점점 더 멀리 뛰게 되고 점점 더 빨리 뛰게 되었다. 달리는 순간만큼은 아무 생각이 들지 않았다. 단지 내 몸이 올바로 움직이고 있는가만 생각할 뿐이었다. 사는 게 이렇게 단순하다면 얼마나 좋을까 싶었다. 머리로 올바른 운동법을 아무리 생각해도 결국에는 몸이 스스로 맞는 방법을 터득한다. 내가 들인 노력의 시간만큼 딱 그만큼의 발전을 한다. 오늘 못 달리는 것을 걱정할 필요가 없다. 오늘도 뛰고 내일도 뛰면 반드시 어느 날은 잘 뛰게 된다. 그런데 사는 건 그렇게 정직하지가 않았다.

〈아워 바디〉의 후반부, 자영이 다니는 회사에 자영이 인턴이 되기 위해 부장과 부적절한 관계를 맺었다는 소문이 돈다. 이 소문에 대해 자영의 동창이자 회사의 대리인 민지가 이야기를 꺼냈을 때 자영은 묻는다. "왜 다들 그렇게 생각해?"라고. 젊은 여자가 나이 많은 남자와 자는 것에는 무언가 오고 가는 대가가 있다고 생각하는 사람들을 믿을 수 없다는 듯이. 이 말을 듣는 민지의 세계는 그런 사고방식이 당연한 곳이다. 대체 부장에게 무언가 얻어낼 것이 아니라면 그런 늙은이와 왜 그런 일을 벌인단 말인가? 자영은 이 지점에서 민지를 설득하려 들지 않는다. 현주를 만나 유토피아라고 믿었던 새로운 세계를 경험한 자영은 전과 다른 사람이 되었다. 자신이 겪었던 일들을 누군가에게 이해해달라고 하지도 않는다.

영화를 본 누군가는 자영의 시선을 따라가고, 누군가는 민지와 회사 사람들의 시선에서 자영의 행동을 본다. 자영의 행동이 뒤틀리고 비이성적이라고 생각한다. 이 영화를 통해 무언가를 지지하고 싶지 않았다. 정규직 같은 게 중요하지 않으니 자기가 하고 싶은 일을 찾는 게 중요하다고 말하고 싶지도 않았고, 운동의 중요성을 말하려는 것도, 아름다운 몸을 찬미하려는 것도 아니었다. 이렇게 다양한 일들이 삶 속에 있는데 어떻게 사는 것이 좋을지 고민해보고 싶었을 뿐이다. 해답이 무엇인지는 30대 중반이 된 지금도 잘 모르겠다. 자영이 아무것도 되지 않기를 바랐다. 적어도 사회가 인정하는 안정적인 삶 안에 안착하지 않기를 바랐다. 그런 결말은 힘들게 제시한 현실에 대해 너무 쉬운 답을 내리는 것 같았다.

한국영화아카데미의 장편 과정 모집 심사에 냈던 첫 트리트먼트의 결말에서 자영은 택배를 배달하고 있었다. 무언가 몸을 사용하는 일을 하면 좋겠다는 생각에서 낸 결말이었다. 심사를 통과한 후 이야기의 주제에 대해 다시 생각해보았고 섣불리 자영이 어떤 구체적인 선택을 내리는 것은 좋지 않다는 생각이 들었다. 마라톤 대회에 나가서 완주하는 것도, 안정적인 직장에 정규직이 되는 것도 모두 마음에 들지 않았다. 지금의 마지막 신은 자영의 앞날을 응원하는 마음으로 만든 것이다. 부모님의 기대를 만족시키는 것도, 남들의 눈에 부족해 보이는 삶을 사는 것도, 운동을 통해서 몸을 만드는 것도 모두 끝이 없는 일이다. 하지만 계속 살아야 하니까, 이왕이면 불행하지 않고 행복하게 살아야 하니까, 타인의 시선을 벗어나 나에게 집중할 수 있게 됐다는 것만으로도 충분히 긍정적인 결말이 아닐까. 나도 자영이처럼 타인에 시선에서 벗어나 더 솔직하게 살고 싶다.

몸, 온전하게

버티는 몸

고권금

무용가이자 안무가.
'자기재생 프로젝트'를 진행해오고 있다.
재생된 공간과 배제된 몸, 끊임없이 재생되어가고
있는 사회 속 위태로워 보이는 몸의 형상이
자기재생 프로젝트의 시작이 되었다.
몸에 기록된 억압의 흔적과 재생의 상태에 놓인 몸을
움직임으로 풀어내는 작업을 해오고 있다.

적갈색 벽돌과 시멘트로 투박한 듯 매끄럽게 다듬어진 공간, 창백한 백색 조명 아래 네 개의 몸이 있다. 아래층 공장의 기계 돌아가는 소리에 바닥이 울리다 이내 아무 소리도 들리지 않는다. 조명에서 뿜어져 나오는 열기와 시멘트 바닥의 차가운 공기가 공간을 채운다. 모여 있던 네 개의 몸이 움직이기 시작한다. 개별의 존재로서 빈틈이 없던 몸이 다른 몸과 섞이자 빈 공간이 생겨나기 시작한다. 네 개의 몸은 빈 공간을 채우기 위해 서로를 파고든다. 떨어지지 않으려 더욱더 깊숙이 파고든다. 나의 왼쪽 귀 위에는 무릎이, 나의 엉덩이는 누군가의 허벅지 위에, 나의 오른쪽 팔은 누군가의 겨드랑이 사이에, 내 등에는 누군가의 손과 다리가 있다. 숨결이 느껴진다. 빈 공간이 있는 곳이다. 빈 공간을 채우기 위해 다시 파고든다.

낙오자가 생겨서는 안 된다. 혹시 누군가 떨어져 나갈 것 같으면 움직임의 방향을 바꿔 상대가 떨어지지 않도록 온몸으로 받아낸다. 더 이상 내 몸이 어떤 모양으로 존재하고 있는지, 손과 발이 어디에 있는지 모른다. 가끔 배 속 아주 깊숙한 곳에서부터 윽— 소리가 올라오기도 하지만 괜찮다. 저 위에서 무심하게 떨어지는 빛이 들어오지 못하도록 더 꼼꼼히 빈 공간을 채워야 한다. 더, 더, 더!

물처럼 아주 유려하게 공간을 헤엄쳐 다니고 싶었다. 산소와 수소가 적재적소에 붙었다 떨어지길 반복하며 그만의 유연함을 유지하듯이, 네 개의 몸이 서로의 공간 안에서 자연스럽게 연결되고 해체되기를 바랐다. 서로의 무게와 존재를 견디며 굴러가던 네 개의 몸은 약속된 자리에 도착했고, 자연스레 흩어졌다. 채우고자 했던 빈 공간은 흔적도 없이 사라졌다.

집으로 돌아와 샤워를 한다. 따뜻한 물이 몸에 닿자 종일 움직이느라 피로했던 근육들이 스르르 풀어진다. 작은 경련들이 여기저기서 일어난다. 몸은 여기저기 멍투성이다. 이 멍들은 공연장의 바닥이 시멘트이기 때문에 어쩔 수 없이 생긴 것들이다. 이미 익숙하다. 아프기는 하지만 마지막까지 몸 사리지 않고 열심히 했다는 생각에 왠지 뿌듯한 기분이다. 공연이 끝났으니, 멍이 추가될 일은 더 이상 없다. 이제 그토록 바라던 휴식을 취하면 된다.

나에게는 아끼는 일상이 있다. 다음 날의 일정이 없는 날 저녁에 생각 없이 볼 수 있는 영상을 틀어놓고 소파에 앉아 시원한 맥주를 마시다가 알람 없이 잠에

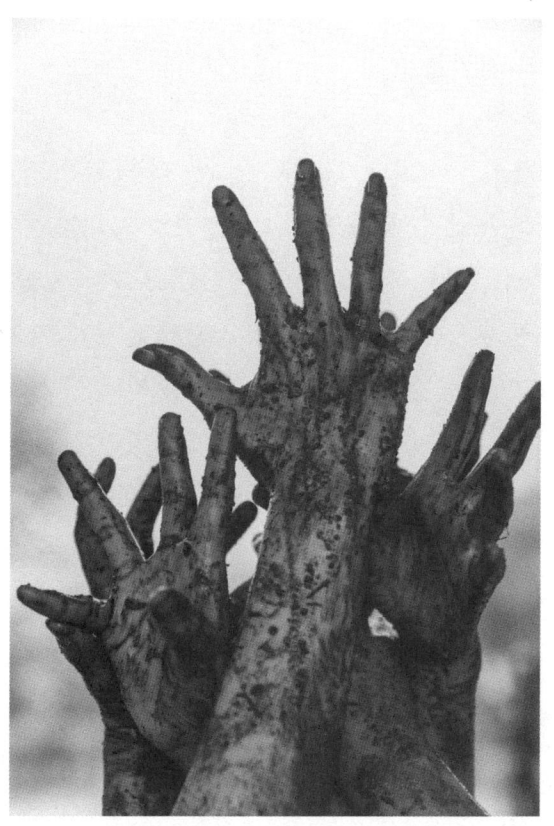

@o_t_w_

들고, 일어나면 커피를 내려 마시는 것이다. 신선한 원두의 맛과 향을 머금은 오롯한 나만의 시간. 몇 달째 바라던 아끼던 일상.

뒤풀이를 마치고 집으로 돌아온 다음 날은 아끼던 일상을 보낼 수 있는 기다리던 날이었다. 바라던 대로다. 늦은 저녁 소파에 앉아 볼 만한 영상을 재생한다. 시원한 맥주는 따뜻한 샤워로 노곤해진 몸에 기분 좋게 스며든다. 이제 어떤 방해도 없이 잠에 들고, 눈이 떠질 때 일어나면 된다. 불을 끄고 잠자리에 든다. 책상 위에 올려둔 커피 원두 향이 은은하게 퍼진다.

저릿함에 눈이 번쩍 떠졌다. 아직 새벽이다. 잠결에 돌아누우려 손으로 바닥을 짚은 것뿐인데, 저릿함이 온 신경을 타고 흐른다. 불을 켜고 손목을 들어 보니 손이 파르르 떨리고 있다. 입김에 흔들리는 강아지풀 같다. 내 손이 맞는 건가, 잘 분간이 되지 않는다. 왜 이러지? 이상하다. 언제 이렇게 된 거지? 아니, 이 정도인데 왜 모르고 있었지? 별나다는 듯이 손목을 바라보다가 누적된 피로와 취기에 곧 불을 끄고 다시 잠자리에 든다.

잠에서 깨보니 여전히 손목이 파르르 떨리고 있다. 커피콩을 갈아야 하는데 손목에 힘이 들어가지 않는다. 하는 수 없이 그라인더를 무릎 사이에 끼고 왼손으로 콩을 간다. 이게 도대체 무슨 일인지. 언제 다친 걸까.

바닥에 깔린 손목. 짜릿했던 통증. 손목 위에 있던 어깨와 골반과 다리들. 네 개의 몸이 서로를 파고들던 순간이다. 정신없이 내린 커피를 한 모금 마시자 눈꺼풀이 파르르 떨린다. 윽.

나는 여태 무엇을 하고 있었던 걸까.

— 무엇을 하고 있었나요?
공연을 했어요.

@o_t_w_

― 어떤 공연이었나요?

자기재생에 대한 공연이었어요. 몸에 기록된 억압을 움직임으로 풀어낸 작품이에요.

― 그런데 정말 다친 걸 모르고 있었나요?

아…… 알고 있었던 것 같기도 해요.

대충 커피 도구를 치우고, 둥근 챙이 달린 모자를 눌러쓴 채 집 밖으로 나선다. 가까운 공원으로 향한다. 명치에서부터 코밑까지 묵직한 것이, 혼자서는 치우기 힘들 만큼 커다란 돌덩이가 올라앉은 기분이다. 너무 많은 빛과 장면들 때문에 도무지 정면을 바라보며 걸을 수가 없다. 시선을 낮춰 최소한의 정보만을 받아들인다. 서둘러 걸을 필요 없다. 네 개의 몸이 서로를 파고들던 순간을 생각한다.

공원 근처에 가끔 들르는 카페가 있다. 뜨거운 커피를 받아들고 갓 내린 커피 향을 맡는다. 기대했던 향이 아니다. 다시 공원을 향해 걷는다. 허하다. 무언가 빠뜨린 것 같은, 중요한 걸 잊어버린 것 같은 느낌이 든다. 어지러운 마음에 일단 의자에 앉는다. 이어폰을 꽂아 외부로부터의 소음을 차단한다. 가사가 없는 잔잔한 음악을 재생했지만 마음에 들지 않아 10초도 듣지 않고 다른 곡으로 바꾸길 반복한다. 그러다 비트가 빠르게 쪼개지는 현란한 음악이 나오고, 그제야 휴대폰을 내려놓는다. 필요한 만큼만 눈꺼풀을 들어 올리고 뜨거운 커피 한 모금을 입에 머금는다. 내가 잊고 있는 것이 도대체 무엇일까.

한참을 그대로 앉아 있다가 정면에 시선이 향한다. 사람들이 많다. 대화하는 사람, 운동하는 사람, 애완동물과 산책하는 사람들이 시야에 들어온다. 느긋하고 여유로워 보인다. 날씨에 꼭 맞는 풍경이다.

수돗가 근처에서 물놀이를 하고 있는 세 명이 눈에 들어온다. 두 명이 장난감으로 다른 한 명에게 물을 뿌리고, 다른 한 명은 여기저기에서 퍼부어대는 물을 피하기도 하고 일부러 맞기도 하며 열연을 펼친다. 이들의 놀이가 얼마나 개구진지, 피식 웃음이 나온다. 그러다 갑자기 한 명이 다른 한 명의 얼굴에 물을 왕창 뿌리고는 품에 와락 뛰어든다. 그 모습을 본 다른 한 명도 쪼르르 달려와 등허리에 꼭 달라붙는다. 쭈그려 앉아 있던 사람은 당황한 기색도 없이 기꺼이 두 명에게 몸을 내어주었고, 두 명은 더 깊숙이 파고들었다. 놀이는 순식간에 바뀌었고, 이들은 서로의 몸 사이를 매끄럽게 헤엄쳐 다녔다. 그 순간 카페인이 피를 타고 온몸에 퍼졌다. 빈 공간. 빈 공간이 보이지 않는다. 이들은 물처럼 유연하게 서로의 공간을 채워나갔고, 하나의 거대한 생물이 되었다.

조명 아래 네 개의 몸이 서로를 파고들던 순간을 다시 생각해본다. 우리는 언뜻 보면 가만히 있는 것처럼 보이지만 끊임없이 살아 움직이며 서로가 서로의 몸에서 피어나는 형상을 만들고 싶었다. 해양생물을 품은 거대한 산호초처럼 단단하지만 유연한 생물이 되고 싶었다. 그래서 빈 공간을 더 가득 채워 나갔다. 들어갈 수 있는 공간이 보이면 온 힘을 다해 채웠다. 그러나 채우면 채울수록 덩어리는 경직되어 갔고, 아슬아슬해졌다. 어느 누구도 움직일 수 없는 지경에 이르기도 한다. 네 개의 몸은 풀어지고 다시 뭉치길 반복하고 또 반복한다.

무릎 위에 올려둔 손목을 들어본다. 여전히 파르르 떨린다. 수돗가 근처에서 물놀이를 하던 세 명의 움직임은 잘 짜인 공연 같다. 왠지 억울한 마음이 든다. 우리는 수개월 동안 땀 흘리며 연습했다. 손목이 저리고 멍이 들어도 개의치 않고 견뎌냈다. 그런데 이들은 연습 한 번 없이 단번에 만들어내다니. 쓰린 속에 미지근해진 커피를 더 넣는다. 그새 또 바뀐 이들의 놀이는 여전히 유쾌하다. 이들은 정말 제대로 놀 작정을 하고 나온 것이 분명하다. 어느 한 명 빠짐없이 개개인의 존재가 고스란히 느껴진다. 이들은 연결되어 있다.

확신으로 가득 찬 몸.
그리고 선명한 존재들.
아, 잊고 있던 것.

몸은 내가 지상에서 가지고 있는 유일한 공간이다. 어느 누구도 함부로 침범할 수 없는 사적인 공간이면서 늘상 노출되어 있는 공간이다. 그렇기 때문에 몸과 몸이 만나는 일은 쉽고도 어렵다. 신뢰가 없으면 연결될 수 없다.

눈을 감는다. 갑자기 맑은 하늘에 천둥번개가 치는 것처럼 관절 마디마디에 번개가 내리꽂힌다. 유난스러울 것도 없다.

'기다려, 지금은 아니야. 공연이 끝나면 시원하게 한 번에 아프자'라며 버텨왔기 때문이다. 공연을 잘 올리고 싶었던 나는 정신력으로 몸을 꽁꽁 묶어 무기력하게 만든 다음 세뇌를 시켰다. 공연에 방해되는 모든 것은 일단 묻어두자. 그래서 나는 준비하는 과정에서 생긴 마음의 상처와 몸을 묻었다. 그러고는 공연이 별 탈 없이 끝나기만을 바랐다.

신뢰를 잃은 마음.
배제된 몸.

'나.'

몸 사이를 파고들며 나는 내 몸이 어떤 상태로 존재하고 있는지 알려 하지 않았고, 알고 싶지도 않았다. 자신의 손이 어디에 있는지, 발이 어디에 있는지, 몸이 어떻게 위치하고 있는지 알아야 한다고 말은 했지만, 나는 그렇게 하지 않았다. 그냥 내버려 뒀다. 적당히 움직였고, 낙오되지 않으려 했다.

사실 손목을 다친 순간도 알고 있다. 빈 공간을 찾아

파고드는 와중에 통증이 느껴져 고개를 돌려보니 시멘트 바닥 위에 손목이 깔려 있었다. 뼈가 갈리는 느낌이었다. 힘을 줘서 빼내보려 했지만 불가능했다. 힘을 더 줬다가는 정말 손목이 끊어질 것 같았다. 그래서 내 손이 아닌 것처럼 힘을 빼버렸다. 조금만 더 참으면 지나갈 일이었다. 그 이후로는 어떻게 움직였는지 기억나지 않는다. 그저 손목이 붙어 있어 다행이라는 생각을 했던 것밖에는.

상처 난 마음과 몸을 묻기로 결정한 나는 침묵했다. 이 시간만 잘 버텨내면 괜찮을 거라 생각했다. 그래서 자꾸만 삐져나오는 감정을 더 깊이 묻어두기 위해 노력했고 그럴수록 나는 스스로에게 더 가혹해졌다. 진솔한 마음이 드러나는 순간 인내해왔던 모든 시간과 노력이 무용지물이 될까 봐 두려웠던 것이다.

이해받지 못한 마음과 몸은 알 수 없는 곳에 파묻혀 자신의 영역을 확장해갔고, 그런 몸은 다른 몸에 온전히 자리를 내어주지 못했다.

빈 공간.
애써 채우려 했던 빈 공간은, 어쩌면 내가 만들어낸 공간이었다.

지난한 시간을 버텨내고 난 몸과 마음은 아프다. 무릎 위에 올려둔 손목을 들어본다. 여전히 파르르 떨린다. 아무래도 치료를 해야 할 것 같다. 여간 불편한 게 아니다. 빨리 나았으면 좋겠다는 생각이 드는 찰나에 그 생각을 불구덩이에 던져 소각시킨다. 빨리 낫기는 무슨, 서두르지 않기로 한다. 아파도 괜찮다. 아플 만큼 충분히 아프기로 한다.

차가워진 커피를 들고 일어난다. 공원 안쪽에 있는 화장실 세면대에 커피를 붓고 수돗물로 입안을 헹군다. 어디로 갈지 정하진 않았지만 일단 걸어보기로 한다. 아, 배가 고프다. 무엇을 먹을지 고민한다. 매콤한 비빔국수와 담백한 주먹밥. 좋다. 걸음을 잠시 멈추고 배 속 깊은 곳부터 정수리까지 숨을 끌어올린다. 더 이상 숨을 참을 수 없을 때 한 번에 확 내뱉는다. 하아.

S 005
몸의 말들

1판 1쇄 인쇄 2020년 3월 5일
1판 1쇄 발행 2020년 3월 13일

지은이 강혜영·고권금·구현경·백세희·이현수·치도·한가람·황도
펴낸이 김영곤
펴낸곳 아르테

문학사업본부 본부장 손미선
문학콘텐츠팀 이정미 허문선 김지현
문학마케팅팀 배한진 정유진
영업본부 이사 안형태
영업본부 본부장 한충희
문학영업팀 김한성 이광호
제작팀 이영민 권경민

출판등록 2000년 5월 6일 제406-2003-061호
주소 (우 10881) 경기도 파주시 회동길 201(문발동)
대표전화 031-955-2100 팩스 031-955-2151

ISBN 978-89-509-8688-9 (04810)
     978-89-509-7924-9 세트

○ 책값은 뒤표지에 있습니다.
○ 이 책 내용의 일부 또는 전부를 재사용하려면 반드시 ㈜북이십일의 동의를
  얻어야 합니다.
○ 잘못 만들어진 책은 구입하신 서점에서 교환해드립니다.